MATTHIAS PHILIPZEN

cajon

Eine Kiste voller Rhythmus

Cajon Audio 1

Cajon Audio 2

Du kannst dir die Audiotracks zu diesem Buch (im MP3-Format) ganz einfach auf dein Smartphone, dein Tablet oder deinen Computer laden. Scanne dafür einfach die beiden QR-Code links und entpacke die heruntergeladenen Dateien mit einem Doppelklick.

Dieses Werk ist in allen seinen Teilen urheberrechtlich geschützt. Jegliche Form der Verwendung außerhalb der engen Grenzen des Urheberrechts bedarf der vorherigen schriftlichen Zustimmung des Verlages. Dies gilt insbesondere für Vervielfältigungen wie Fotokopien, Einspeicherung und Verarbeitung in elektronischen Medien sowie die Übersetzung – auch bei einer entsprechenden Nutzung für Unterrichtszwecke.

Alle Rechte vorbehalten.

Cover: OZ, Essen (Katrin & Christian Brackmann)
Satz & Layout: Notensatzstudio Nikolaus Veeser

© 2008 Voggenreiter Verlag OHG
Wittfelder Strich 1, D-53343 Wachtberg
www.voggenreiter.de
Telefon: 0228.93 575-0

Auflage 2023
ISBN: 978-3-8024-0610-2

Inhaltsverzeichnis

Übersicht Stilistiken-Styles.......... 4

Audiotracks..................... 5–7

Vorwort 8

Aufbau und Pflege des Cajons 9-11

Mikrophonierung des Cajons 11

Grundlagen 12-15

Zeichenerklärung................ 16

Kapitel 1
Lautstärken-Dynamik 17-18

Kapitel 2
Handsätze-Stickings 19-21

Kapitel 3
Drumset Grooves 22-24

Kapitel 4
Drumset Grooves
mit 1/8 Ostinato
(durchlaufenden Achteln) 25-26

Kapitel 5
Drumset Grooves
mit 1/16 Ostinato
(durchlaufenden Sechzehnteln) .. 27-30

Kapitel 6
Akzentübungen................ 31-33

Kapitel 7
Sechzehntel-Rhythmen
mit Handsatz R-L (Flow)........ 34-37

Kapitel 8
Triolen Handsätze
(Stickings) 38-40

Kapitel 9
Shuffle Rhythmen.............. 41-44

Kapitel 10
Shaker Grooves 45-46

Kapitel 11
Cajinto Grooves 47-52

Stylistiken-Styles 53-82

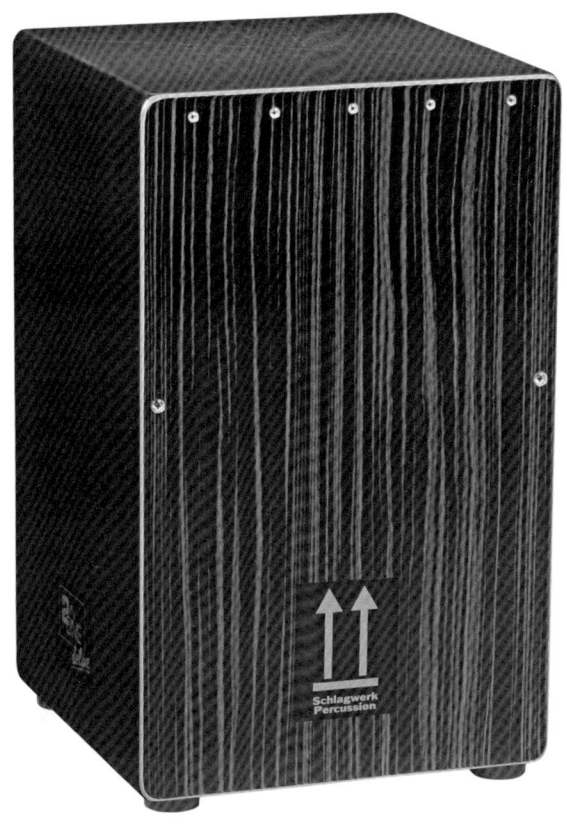

STILISTIKEN-STYLES

African Shuffle	53
Alea Six	53
Baiao	62
Blues	53
Buleria	61
Bossa Nova	55
Compas	61
Country	60
Di Bango Six	70
Drum 'n Bass	66
Funk	70
Hip Hop	56-57
Jungle	66
Merengue	62
Martillo	61
New Orleans	58-59
Odd Meter	67-69
Partido Alto	55
Peruvian Twelve	71
Reggae	63
Rumba de Flamenco	60
Salsa	64-65
Samba	54
Soca	63
Swing	71
Techno	66

ENSEMBLE

Latin Basic	73
Like Bossa	74
Samba	75
Afro Basic	76
Kassa	77
Kakilambe	78
Oriental Basic	79
Devri-Hindi	80
Aksak	81
Havanna Moon	82

AUDIOTRACKS

Audio 1

Track 1: Soundbeispiel Comparsa
Track 2: Soundbeispiel Cajon La Peru
Track 3: Soundbeispiel Bass Cajon
Track 4: Schlagtechniken-Peruanischer Stil
Track 5: Schlagtechniken-Kubanischer Stil
Track 6: Special Sounds- Glissando
Track 7: Special Sounds- Hackentrick
Track 8: Special Sounds- Spiel auf der Seite
Track 9: Special Sounds-Floating Hand
Track 10: Special Sounds-Wischtechnik
Track 11: Spiel mit Rods
Track 12: Spiel mit Besen
Track 13: Spiel mit Fingernägeln
Track 14: Kombination verschiedener Sounds
Track 15: KAPITEL 1: Lautstärken-Dynamik
Track 16: KAPITEL 2: Handsätze-Stickings
Track 17: KAPITEL 3: Drumset Grooves
Track 18: **PLAYALONG-Full Version-Stil: Slow Pop-Titel: „At first sight"**
Track 19: **PLAYALONG-Clickversion-Stil: Slow Pop-Titel: „At first sight"**
Track 20: **PLAYALONG-Full Version-Stil: Fast Pop-Titel: „Nice to meet you"**
Track 21: **PLAYALONG-Click Version-Stil:Fast Pop-Titel: „Nice to meet you"**
Track 22: KAPITEL 4: Drumset Grooves mit durchlaufenden Achteln
Track 23: KAPITEL 5: Drumset Grooves mit durchlaufenden Sechzehnteln
Track 24: **PLAYALONG-Full Version-Stil:Medium Pop-Titel: „Lighthouse"**
Track 25: **PLAYALONG-Clickversion-Stil:Medium Pop-Titel: „Lighthouse"**
Track 26: KAPITEL 6: Akzentübungen
Track 27: KAPITEL 7: Sechzehntel Rhythmen mit Handsatz R-L(Flow)
Track 28: KAPITEL 8: Triolen Handsätze-Stickings
Track 29: **PLAYALONG: Clickversion-Stil: Slow Blues-Titel: „Hold my hand"**
Track 30: KAPITEL9: Shuffle Rhythmen
Track 31: **PLAYALONG: Full Version-Stil: Slow Shuffle-Titel: „Calling Gentle"**
Track 32: **PLAYALONG: Clickversion-Stil: Slow Shuffle-Titel: „Calling Gentle"**
Track 33: KAPITEL 10: Shaker Grooves

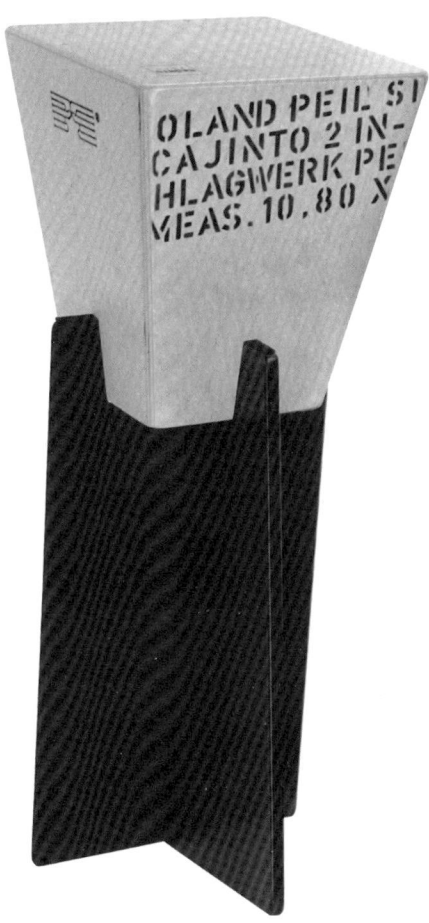

Audio 2

Track 1: KAPITEL 11: Cajinto Grooves-Bossa Nova
Track 2: KAPITEL 11: Cajinto Grooves-Samba
Track 3: KAPITEL 11: Cajinto Grooves-Baiao
Track 4: KAPITEL 11: Cajinto Grooves-Cascara
Track 5: KAPITEL 11: Cajinto Grooves-Swing
Track 6: KAPITEL 11: Cajinto Grooves-Hip Hop
Track 7: KAPITEL 11: Cajinto Grooves-Hip Hop(Variation)
Track 8: KAPITEL 11: Cajinto Grooves-New Orleans
Track 9: KAPITEL 11: Cajinto Grooves-Up Time Shuffle
Track 10: KAPITEL 11: Cajinto Grooves-Pop
Track 11: KAPITEL 11: Cajinto Grooves-Songo
Track 12: KAPITEL 11: Cajinto Grooves-Soca
Track 13: Styles: African Shuffle
Track 14: Styles: Alea Six
Track 15: **PLAYALONG: Full Version-Stil: 6/8-Titel: „Lost Memories"**
Track 16: **PLAYALONG: Clickversion-Stil: 6/8-Titel: „Lost Memories"**
Track 17: Styles: Blues
Track 18: Styles: Samba
Track 19: **PLAYALONG: Clickversion: Stil: Samba Basic-Titel: „Sobrado"**
Track 20: **PLAYALONG: Clickversion: Stil: Samba Tradition.-Titel: „Carolina"**
Track 21: Styles: Partido Alto
Track 22: **PLAYALONG: Fullversion-Stil: Partido Alto-Titel: „Jatai"**
Track 23: **PLAYALONG: Clickversion-Stil: Partido Alto-Titel: „Jatai"**
Track 24: Styles: Bossa Nova
Track 25: **PLAYALONG: Fullversion-Stil: Bossa Nova-Titel: „Caetano"**
Track 26: **PLAYALONG: Clickversion-Stil: Bossa Nova-Titel: „Caetano"**
Track 27: Styles: Hip Hop
Track 28: **PLAYALONG: Clickversion-Stil: Hip Hop-Titel: „This one is for you"**
Track 29: Styles. New Orleans
Track 30: **PLAYALONG: Full Version-Stil: New Orleans-Titel: „Little Trawlers"**
Track 31: **PLAYALONG: Clickversion-Stil: New Orleans-Titel: „Little Trawlers"**
Track 32: Styles: Country
Track 33: **PLAYALONG: Clickversion-Stil: Country-Titel: „Jolly Jumper"**
Track 34: Styles: Rumba de Flamenca
Track 35: **PLAYALONG: Fullversion-Stil: Rumba de Flamenca-Titel: „St.Jean de Luz"**
Track 36: **PLAYALONG: Clickversion-Stil: Rumba de Flamenca-Titel: „St.Jean de Luz"**
Track 37: Styles: Martillo
Track 38: Styles: Compas
Track 39: Styles: Buleria
Track 40: Styles: Baiao
Track 41: **PLAYALONG: Fullversion-Stil: Baiao-Titel: „Amarante"**
Track 42: **PLAYALONG: Clickversion-Stil: Baiao-Titel: „Amarante"**
Track 43: Styles: Merengue
Track 44: Styles: Reggae
Track 45: **PLAYALONG: Stil: Reggae Clickversion-Titel: „Liquid Groove"**
Track 46: **PLAYALONG: Stil: Reggae Clickversion-Titel: „Sparkling Maracuja"**
Track 47: Styles: Soca
Track 48: **PLAYALONG: Fullversion-Stil: Soca-Titel: „Olhos Castanhos"**

Track 49: **PLAYALONG: Clickversion-Stil:
Soca-Titel: „Olhos Castanhos"**
Track 50: Styles:Salsa
Track 51: **PLAYALONG: Fullversion-Stil:
Salsa-Titel: „O Dancador"**
Track 52: **PLAYALONG: Clickversion-Stil:
Salsa-Titel: „O Dancador"**
Track 53: Styles: Techno
Track 54: **PLAYALONG: Clickversion-Stil:
Techno: „Jump until the end of time"**
Track 55: Styles: Jungle
Track 56: **PLAYALONG: Fullversion-Stil:
Jungle-Titel: „Faster"**
Track 57: **PLAYALONG: Clickversion-Stil:
Jungle-Titel: „Faster"**
Track 58: Styles: Drum'n Bass
Track 59: **PLAYALONG: Fullversion-Stil:
Drum'n Bass-Titel: „Ten hours later"**
Track 60: **PLAYALONG: Clickversion-Stil:
Drum'n Bass-Titel: „Ten hours later"**
Track 61: Styles: Odd Meter 5/8
Track 62: Styles: Odd Meter 7/8
Track 63: Styles: Odd Meter 9/8
Track 64: Styles: Odd Meter 11/8
Track 65: Styles: Di Bango Six
Track 66: **PLAYALONG: Fullversion-Stil:
Ethno Six-Titel: „Dodoma"**
Track 67: **PLAYALONG: Clickversion-Stil:
Ethno Six-Titel: „Dodoma"**
Track 68: Styles: Funk
Track 69: Styles: Peruvian Twelve
Track 70: **PLAYALONG: Fullversion-Stil: Musica
Negra-Titel: „Can't forget your glance"**
Track 71: **PLAYALONG: Clickversion-Stil: Musica
Negra-Titel: „Can't forget your glance"**
Track 72: Styles: Swing

VORWORT

Das Cajon (gesprochen Kachon) ist nicht mehr als eine hölzerne Kiste und genau deshalb hat es mich von unserer ersten Begegnung an – ich fand es hoch oben auf dem Regal eines Musicshops – so fasziniert. Niemand konnte mir zunächst sagen, was es eigentlich ist und wie vielseitig dieses Instrument eingesetzt werden kann, geschweige denn wie man es spielt.

Dies hat sich in den letzten Jahren grundlegend geändert. Anfang der 70er Jahre hatte die Flamencomusik zur Verbreitung des Cajons in Europa beigetragen, zunächst fristete es als „Rumbakiste" sein musikalisches Dasein und wurde erst Ende der 90er Jahre zum begehrten Percussioninstrument für alle nur erdenklichen Musikstilistiken.

Entstanden ist das Cajon Mitte des 19. Jahrhunderts in Cuba und auch in Peru. Es wurde von den Sklaven als Trommelersatz genutzt, nachdem die Regierung Ihnen das Trommeln verbot und Ihre Instrumente konfiszierte.

Ich nutze das Cajon sehr oft als Schlagzeugersatz, es ist ein idealer Begleiter für Unplugged Sessions – das Spiel mit unverstärkten Instrumenten.

Dieses Buch soll dir helfen, noch mehr über das Cajon zu erfahren und dich inspirieren, eigene Rhythmen und Sounds auf diesem besonderen Instrument zu entdecken.

Aufbau und Pflege des Cajons:

Das Cajon besteht aus drei Komponenten: Der Schlagfläche, dem Korpus und der Schnarrvorrichtung. Erst die genaue Abstimmung dieser drei Bestandteile gewährleistet das perfekte Instrument.

Die Schlagfläche:

Sie ist zumeist furniert, d.h. sie besteht aus mehreren Lagen Holz und ist damit trotz ihrer dünnen Beschaffenheit sehr stabil. Die drei am meisten benutzten Holzarten sind:

Buche: trockener und sehr bassiger Klangcharakter, helle und scharfe Randtöne.

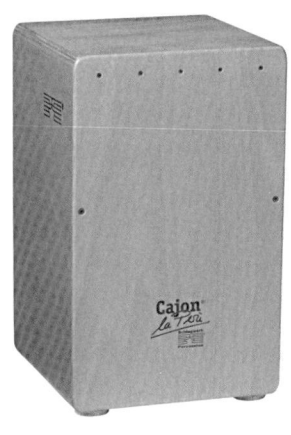

Wurzelholz: warmer und mittiger Sound, mein persönlicher Favorit.

Zebrano: Vereint beide Klangcharakteristika in sich, kräftiger Bass, warme und hell klingende Randtöne.

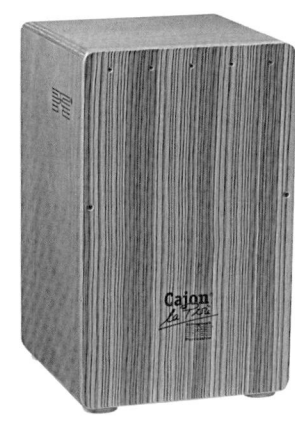

Es wird dir nicht gelingen, die Schlagfläche mit der bloßen Hand durchzuschlagen. Nutzt du die im Anfang des Buches gezeigten Rods oder Besen (S. 15) kannst du neue und interessante Klänge auf dem Cajon erzeugen.

Spiele nie mit Drumsticks auf dem Instrument, Ringe solltest du ebenso ablegen!

Die Schlagfläche ist im oberen Teil geschraubt, dies garantiert dir hohe und knallige Randtöne Wenn sich die Spielfläche im Laufe der Zeit etwas wellt und vom Korpus wegbewegt, so ist das gewollt und wird von einigen Spielern noch forciert, indem sie die äußeren beiden Schrauben am Rand links und rechts leicht lösen (nie die mittlere Schraube!). Ich tue dies nie, weil die Randtöne auch im Werkszustand genug Volumen aufweisen und das Cajon immer besser klingt, je länger man es spielt.

Der tonale Abstand vom Bass zum Randton bleibt jedoch bestehen und sollte dir bereits bei der Auswahl des Instruments zusagen.

Der Korpus:

Er ist hinten mit einem Resonanzloch versehen (bei manchen Modellen auch seitlich) und besteht aus verschiedenen, auf die Schlagfläche abgestimmten Holzarten. Es gibt die normale Grösse von 50 cm und für die etwas kleineren Spieler auch eine Sitzhöhe von 45 cm. Interessant ist, wie sehr die fehlenden 5 cm Einfluss auf das Volumen, besonders den Bass des Cajons haben. Der Bass wirkt bei dem kleineren Cajon druckvoller, wenn auch tonal etwas höher.

Die Schnarrvorrichtung: Das Saitencajon „La Peru"

Tippst du leicht auf die Schlagfläche, dann hörst du neben dem warmen Holzton auch ein metallisches Geräusch. Die Peruaner haben recht früh mit Gitarrensaiten experimentiert und diese von hinten an die Schlagfläche geklebt. Damit sorgten sie für einen schärferen, transparenteren Sound und eine deutliche Abgrenzung des Rand- und Basstons. Die Firma Schlagwerk Percussion entwickelte basierend auf dieser Idee ein stimmbares Saitensystem, welches die Schlagfläche von hinten mit jeweils zwei V-förmig gespannten Gitarrensaiten überzieht. Bis heute ist dieses System unerreicht und gewährleistet eine sehr sensible und obertonreiche Ansprache des Instruments.

Das Snarecajon „Two in One"

Bei diesem System bediente man sich des Teppichs der kleinen Trommel (Spiralen, die unter dem Resonanzfell der kleinen Trommel angebracht sind). In zwei Teile geschnitten wurde er an einem Steg befestigt und in eine Vorrichtung hinter die Schlagfläche geklemmt. Der Vorteil gegenüber dem Saitensystem ist – ich kann diesen Steg mit einem Handgriff entfernen und erhalte auf diese Weise einen zweiten trockenen und warmen Holzsound ohne metallische Schärfe (cubanischer Sound). Nachteil ist – im Vergleich zum Saitensystem kann ich das Verhältnis Holzsound-Schnarrsound nicht beeinflussen und die Sensibilität des Two in One Instruments ist bei weitem nicht mit dem „La Peru" Saitenmodell zu vergleichen.

Letztendlich ist es aber eine Frage des Geschmack. Wichtig ist, welches Instrument unter deinen Händen für dich am Besten klingt!

Achte beim Transport deines Cajons stets auf einen guten Schutz, der Handel bietet Taschen und Koffer für dein Instrument an.

MIKROPHONIERUNG DES CAJONS:

Es gibt unendlich viele Möglichkeiten, das Cajon zu mikrophonieren. Ich gebe dir zwei Arten der Abnahme an die Hand, die sich für meine Klangvorstellungen im Studio und auf der Bühne sehr bewährt haben.

Vorbereitung des Instruments:
Lege zur Dämpfung der Obertöne und zur Verstärkung des Basses eine Schaumstoffmatte in das Cajon (auf den Boden des Instruments!)

Livesituation-Bühne:
Ich nutze immer ein kleines Clipmikrophon (AKG M 519), welches von hinten in das Resonanzloches gesteckt wird, die Klammer befestige ich am Rand des Loches.

Der Vorteil ist, ich bin sehr flexibel, kann auch für einen Solospot an den Bühnenrand gehen, ohne auf Mikrophonständer achten zu müssen. Experimentiere mit dem in das Instrument hineinragenden Schwanenhals, an dem die Mikrophonkapsel befestigt ist. Je weiter du den Hals nach unten biegst, desto mehr Bassanteile bekommst du.

Studio-Aufnahme:
Ich nutze zwei Mikrophone zur perfekten Aufnahme des Instruments. Ich bringe ein Bassdrummikrophon (AKG D 112) ca. 5 cm vor das Resonanzloch und positioniere ein weiteres Mikrophon (AKG Perception 150) für die Höhenanteile und die leisen Schläge vor die Schlagfläche. Der Tontechniker nimmt nun mit beiden Mikrophonen auf getrennten Kanälen auf und kann später das perfekte Klangbild aus dem Mix dieser beiden Eingänge erzeugen.

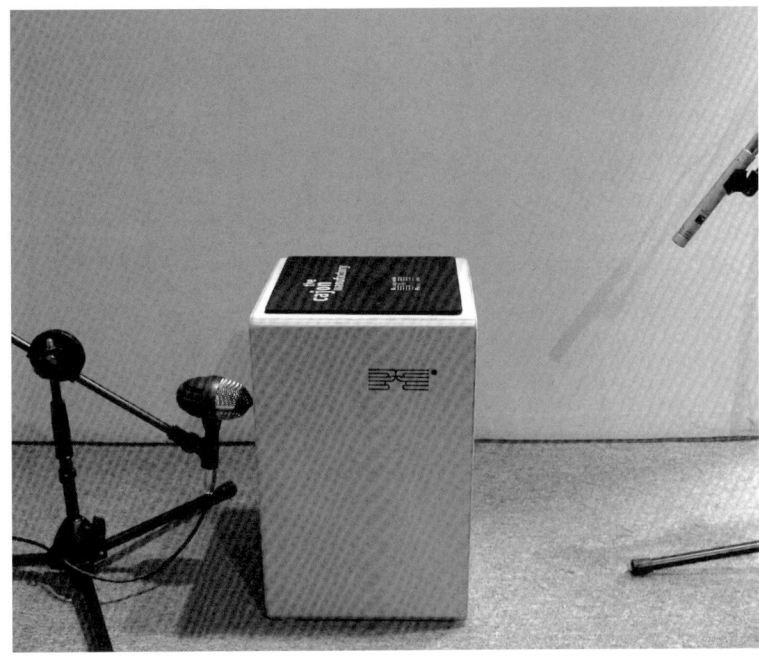

CAJON COMPARSA

Dieses Cajon entspricht etwa der Tonhöhe von Bongos, es wird ebenso zwischen den Knien gespielt. Die zwei Spielflächen sind hoch und tief gestimmt. Sie eröffnen so dem Spieler viele Klangvarianten.

Soundbeispiele: **Audio 1 Tr 1**

Das Instrument ist außerdem mit einer regulierbaren Saitenbespannung hinter der Schlagfläche versehen. Die Saiten sorgen für einen zusätzlichen Schnarreffekt, der jeden Schlag noch prägnanter werden lässt.

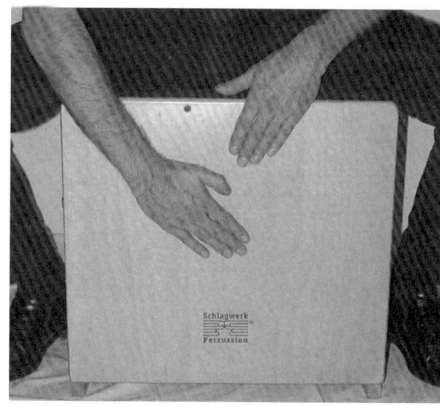

Soundbeispiele: **Audio 1 Tr 2**

DIE SITZPOSITION

Der Spieler sitzt auf dem Cajon, auf der Rückseite ist die Schallöffnung, auf der Vorderseite die Schlagfläche. Er platziert die Füße seitlich des Instruments und beginnt nach hinten zu kippen. Wichtig ist, den Rücken gerade zu halten und eine bequeme Position auszubalancieren.

Der Vorteil dieser Sitzposition ist ein einfacheres Spiel auf der Schlagfläche, da auch die mittig gelegenen Basstöne leichter zu erreichen sind, sowie eine gute Entlastung des Rückens.

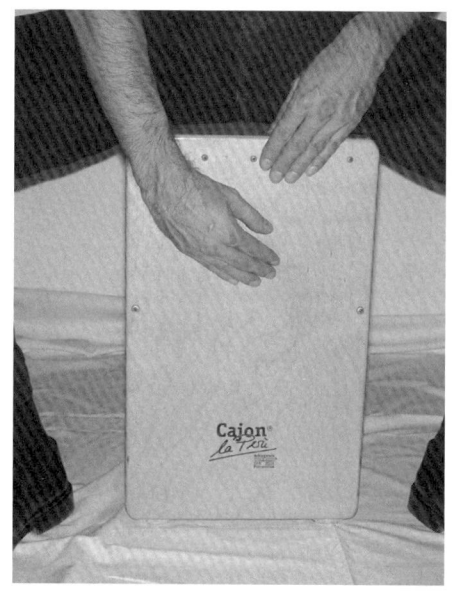

CAJON LA PERU

Das meist gebrauchte Cajon; es dient dieser Schule als Grundlage. Der Spieler sitzt auf dem Instrument und entlockt ihm knallige, hohe Töne am Oberrand sowie bassig tiefe Sounds, wenn er kurz über der Mitte der Schlagfläche trifft.

BASSCAJON

Wie der Name bereits sagt: das Instrument mit dem tiefsten Ton! Der Spieler sitzt auf dem Basscajon, erzeugt am Rand hohe Töne und in der Mitte der Schlagfläche tiefe Bässe, zudem sind hinter der Schlagfläche zwei Saiten gespannt, die für mehr Prägnanz sorgen.

Die Firma Schlagwerk Percussion (www.schlagwerk.com) stellt seit nunmehr 25 Jahren Cajons her, die für mich qualitativ und vor allem auch klanglich das Beste darstellen, was auf dem Markt erhältlich ist
Ich habe die drei meist verwandten Cajon-Modelle aufgelistet, durch die verschiedenen Tonhöhen lassen sie sich auch in der Gruppe gut einsetzen.

Soundbeispiele: **Audio 1 Tr 3**

SCHLAGTECHNIKEN

DER PERUANISCHE STIL

Peru ist neben Kuba das Land mit der größten Cajon-Tradition. Die peruanische Spielweise unterscheidet sich von der kubanischen durch ihren feinen und direkten Klang. Der Spieler nutzt ähnlich dem Bongospieler nur das erste Glied seiner Finger. Am Rand des Cajons erreicht er damit sehr hohe, knallige Slaps:

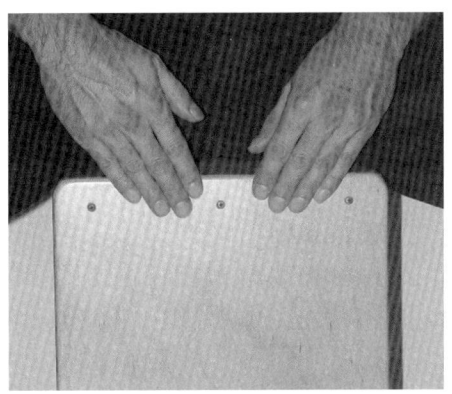

Im Bassbereich formt er die Hand zu einer Hohlhand und trifft mit den Fingerkuppen auf die Schlagfläche:

Soundbeispiele: **Audio 1 Tr 4**

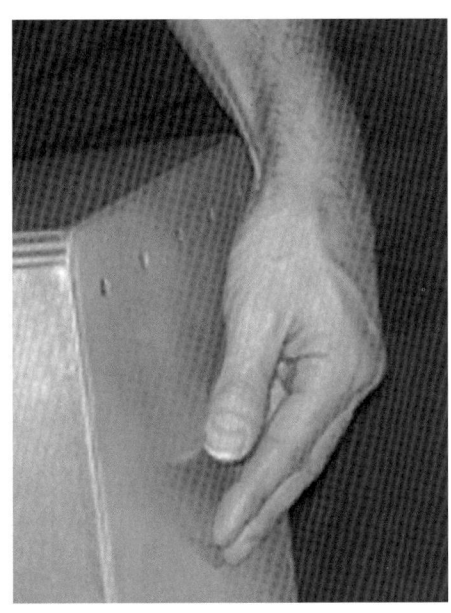

DER KUBANISCHE STIL

Diese Spieltechnik ist mit der Conga Technik verwandt und lässt sich auf das Cajon übertragen. Der Klang ist lauter, etwas indirekter, und das Intervall von hoch (Randbereich) zu tief (Bassbereich) ist kleiner als bei dem peruanischen Stil. Die Hand trifft mit allen Fingern und dem Fingeransatz auf die Schlagfläche:

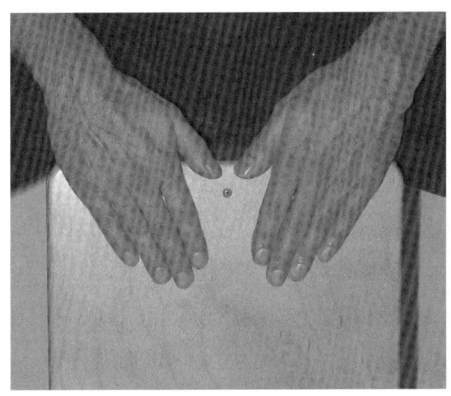

Im Bassbereich kommt der Fingeransatz wie beim Basston auf der Conga zum Tragen, die Hand wird beim Schlagen durchgedrückt:

Soundbeispiele: **Audio 1 Tr 5**

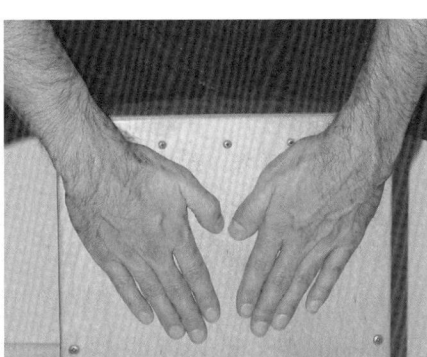

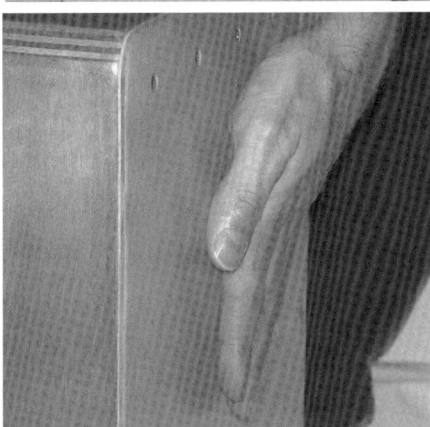

EXTRATIPP:

Das Cajon ist wie jedes Holzinstrument witterungsempfindlich, sowohl große Hitze als auch Feuchtigkeit schaden dem Instrument.

Holz „arbeitet": Spiele 1-2 Monate intensiv, erst dann ist die Schlagfläche „weich", und das Cajon entfaltet seinen vollen Klang.

Das Instrument verfügt über Saiten hinter der Schlagfläche, die für die Prägnanz und den typischen Schnarreffekt sorgen. Sie lassen sich mit einem Inbusschlüssel am Boden des Cajon einstellen. Auch hier gilt: Spiele zunächst mit der Werkseinstellung und verändere die Saitenspannung, wenn nötig, nur minimal.

SPEZIELLE SOUNDS UND EFFEKTE

GLISSANDO ODER SLIDE

Der Spieler drückt, während er am Rand des Cajons spielt, die Ferse des rechten Fußes leicht gegen die Schlagfläche:
Nun zieht er den Fuß langsam nach oben (Balance halten!), ohne mit dem Spiel innezuhalten. Der Ton wird höher, je weiter er die Ferse nach oben bewegt:

Soundbeispiele: **Audio 1 Tr 6**

HACKENTRICK MIT FERSE UND FUSSSPITZE

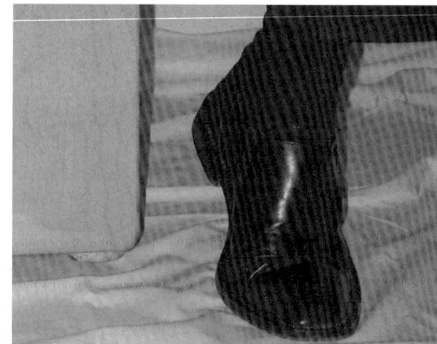

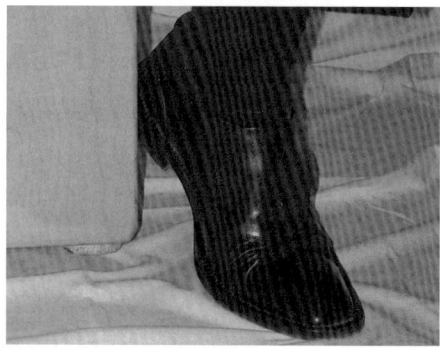

Die Ferse schlägt seitlich an das Cajon, wobei die Fußspitze auf dem Boden bleibt und als Drehpunkt dient: (Achtung, nur mit Schuhen oder Stiefeln möglich)
Soundbeispiele: **Audio 1 Tr 7**

MIT DER HAND AUF DER SEITE DES CAJONS

Das Cajon hat auf den Flächen der Seitenteile unendlich viele verschiedene Sounds zu bieten. Spiel mit der rechten Hand auf dem Oberrand des rechten Seitenteils, während die linke Hand auf der Schlagfläche bleibt:

Soundbeispiele: **Audio 1 Tr 8**

DIE WELLE ODER DAS FLOATING

Diese Technik stammt vom Conga-Spiel, und du brauchst etwas Geduld und Ausdauer dafür, aber es lohnt sich.
Lass die Hand flach auf die Mitte der Schlagfläche fallen:

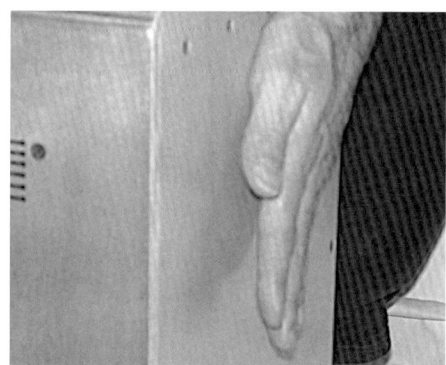

Nun hebst du die Hand vorne an, während die Handwurzel auf der Schlagfläche ruht:
Erneut lässt du die Hand auf die Schlagfläche fallen und beginnst wieder von vorne:
Soundbeispiele: **Audio 1 Tr 9**

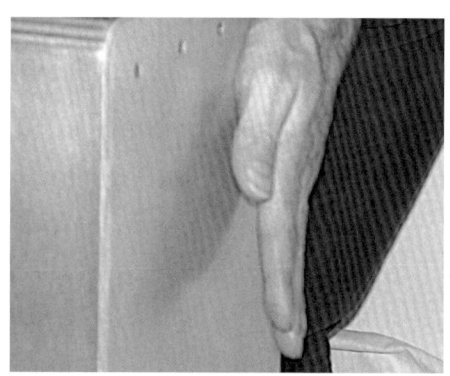

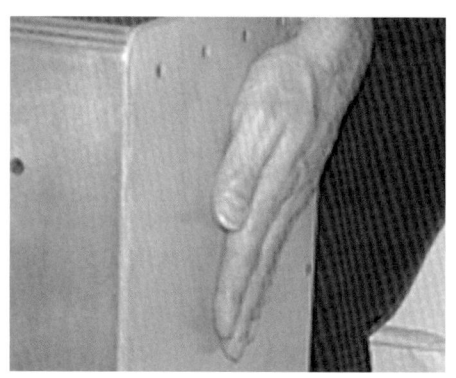

WISCHTECHNIK MIT DAUMEN UND FINGERN

Du legst beide Hände auf die Schlagfläche und formst ein „W", indem du die Daumen abspreizt. Dreh die Hände nach außen, die Finger bleiben gerade, und die Daumen treffen auf die Schlagfläche:

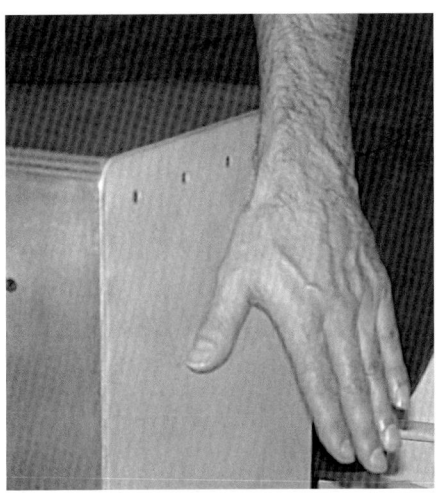

Dreh die Hände nach innen, und triff die Schlagfläche mit den Fingerkuppen:

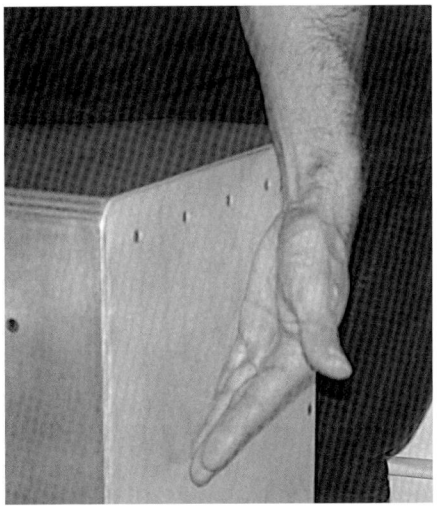

Soundbeispiele: **Audio 1 Tr 10**

SPIEL MIT RODS UND BESEN

Auch hier gilt, probiere aus, wo es am besten klingt und was dir gefällt.
Wichtig: Rods sind gebündelte Stäbchen, Drumsticks sind nicht geeignet, du würdest damit das Instrument zerstören.

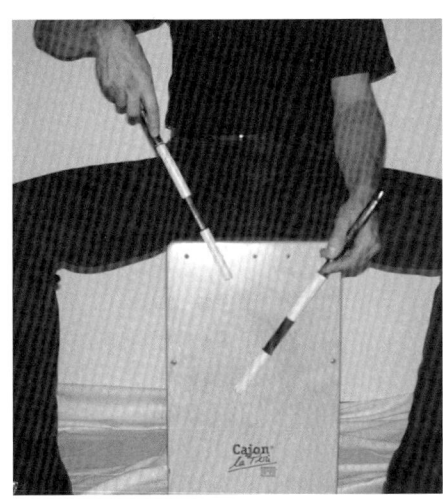

Soundbeispiele: **Audio 1 Tr 11**

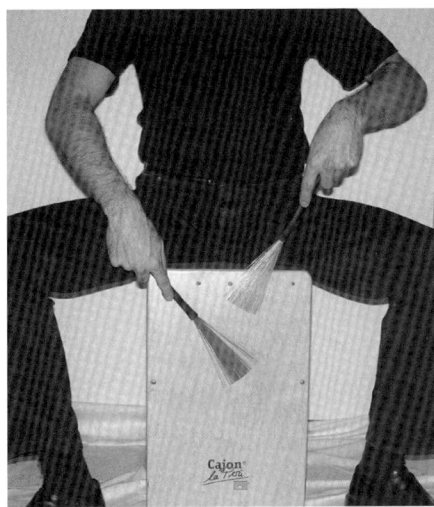

Soundbeispiele: **Audio 1 Tr 12**

SPIEL MIT DEN FINGERNÄGELN

Forme eine Krallhand, und triff die Schlagfläche nur mit den Fingernägeln, der entstehende Sound ist sehr fein und obertonreich. Es gibt unendlich viele andere Klangmöglichkeiten und Spielweisen, entdecke sie selbst. Alles ist erlaubt!

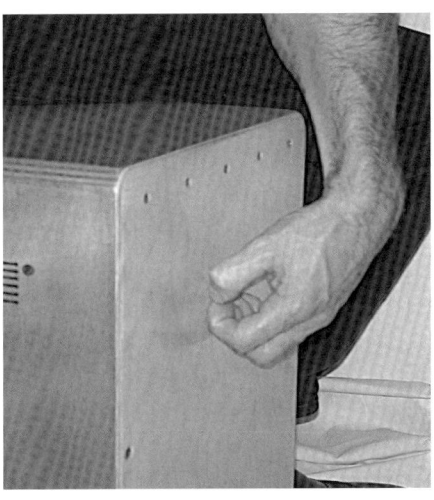

Soundbeispiele: **Audio 1 Tr 13**

EXTRATIPP:

Kombiniere die verschiedenen Varianten – die Audiotracks geben dir einen Eindruck, wie du die beschriebenen Techniken anwenden kannst.
Soundbeispiele: **Audio 1 Tr 14**

Spiel mit einem Rod auf dem Seitenteil und der Hand auf der Schlagfläche.

Spiel mit den Besen auf der Schlagfläche und mit Einsatz der Hacke am Seitenteil.

Spiel mit den Händen auf der Schlagfläche und der Hacke am Seitenteil.

Spiel mit den Rods auf der Schlagfläche und der Ferse am Seitenteil.

ZEICHENERKLÄRUNG

↓   Tip = leiser Schlag

♩   Open Tone = mittellauter Schlag

⨯   Slap = lauter, knalliger Schlag

R = rechte Hand
L = linke Hand

Rand — Obere Zeile: Spiel am Rand des Cajons
Bass — Untere Zeile: Spiel im Bassbereich

⚒ = Übung

♪ = Playalong: Musik zum Mitspielen. So machen dir die Übungen und Rhythmen mehr Freude. Oft ist das Musikstück zweimal aufgenommen, d.h. mit und ohne Rhythmus.

① = Audio 1

② = Audio 2

Tr = Track

Kapitel 1:
LAUTSTÄRKEN-DYNAMIK

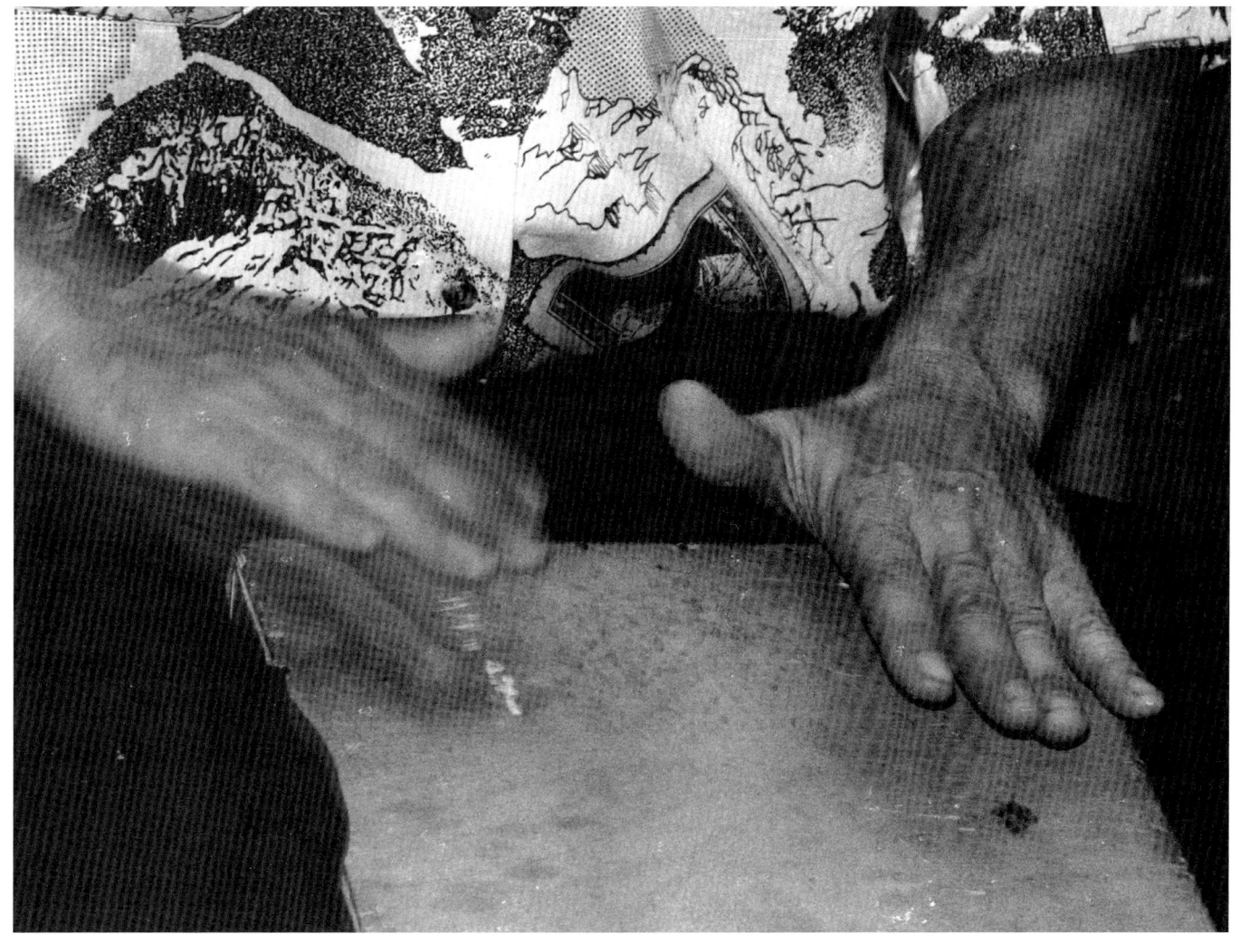

Kapitel 1
Lautstärken-Dynamik

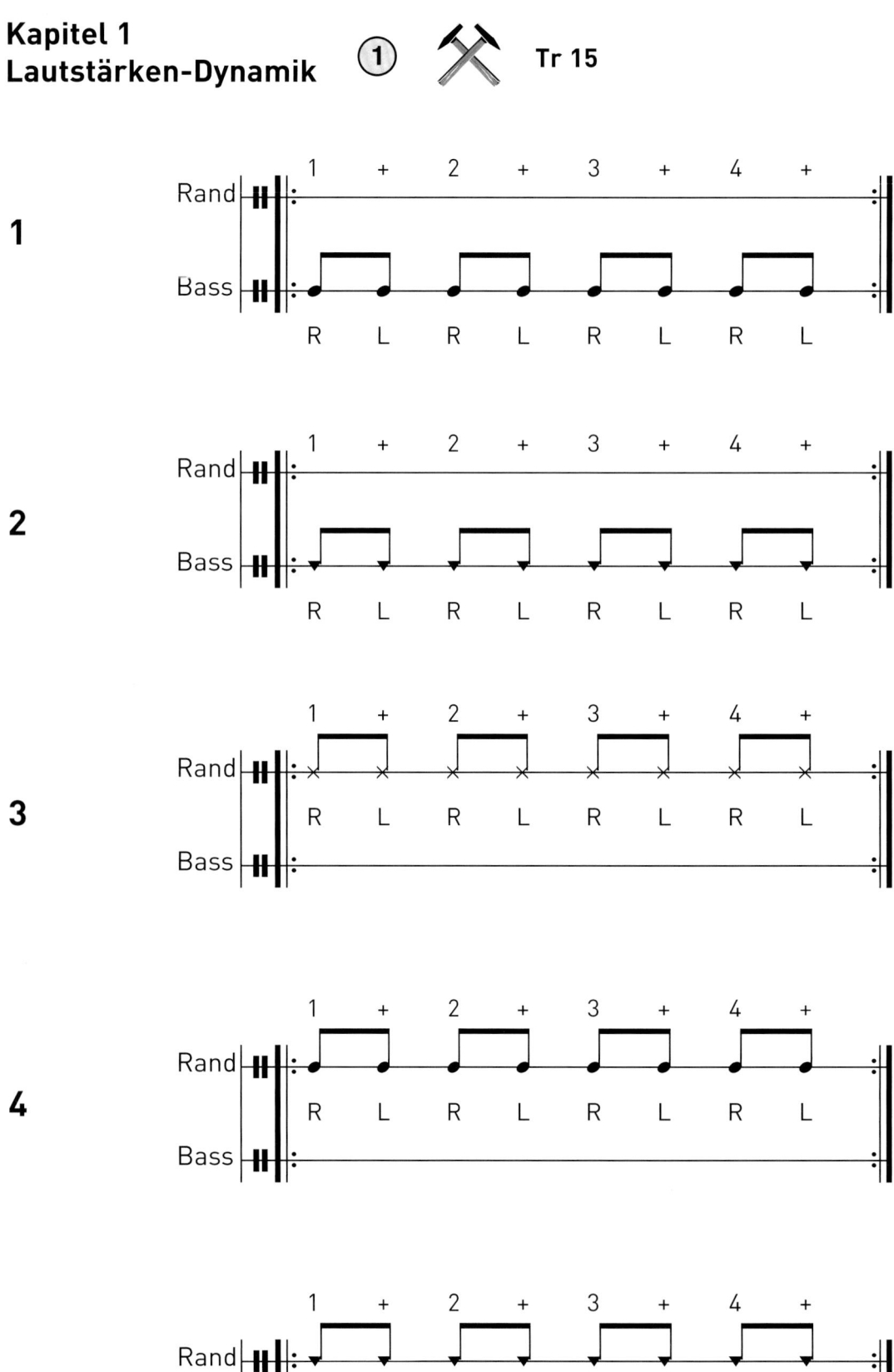

Versuche die verschiedenen Lautstärken deutlich zu differenzieren. Achte auf kleine Bewegungen bei leisem, und große Bewegungen bei lautem Spiel. Spiele entspannt und aus dem ganzen Arm heraus, nicht nur mit der Bewegung deiner Handgelenke.

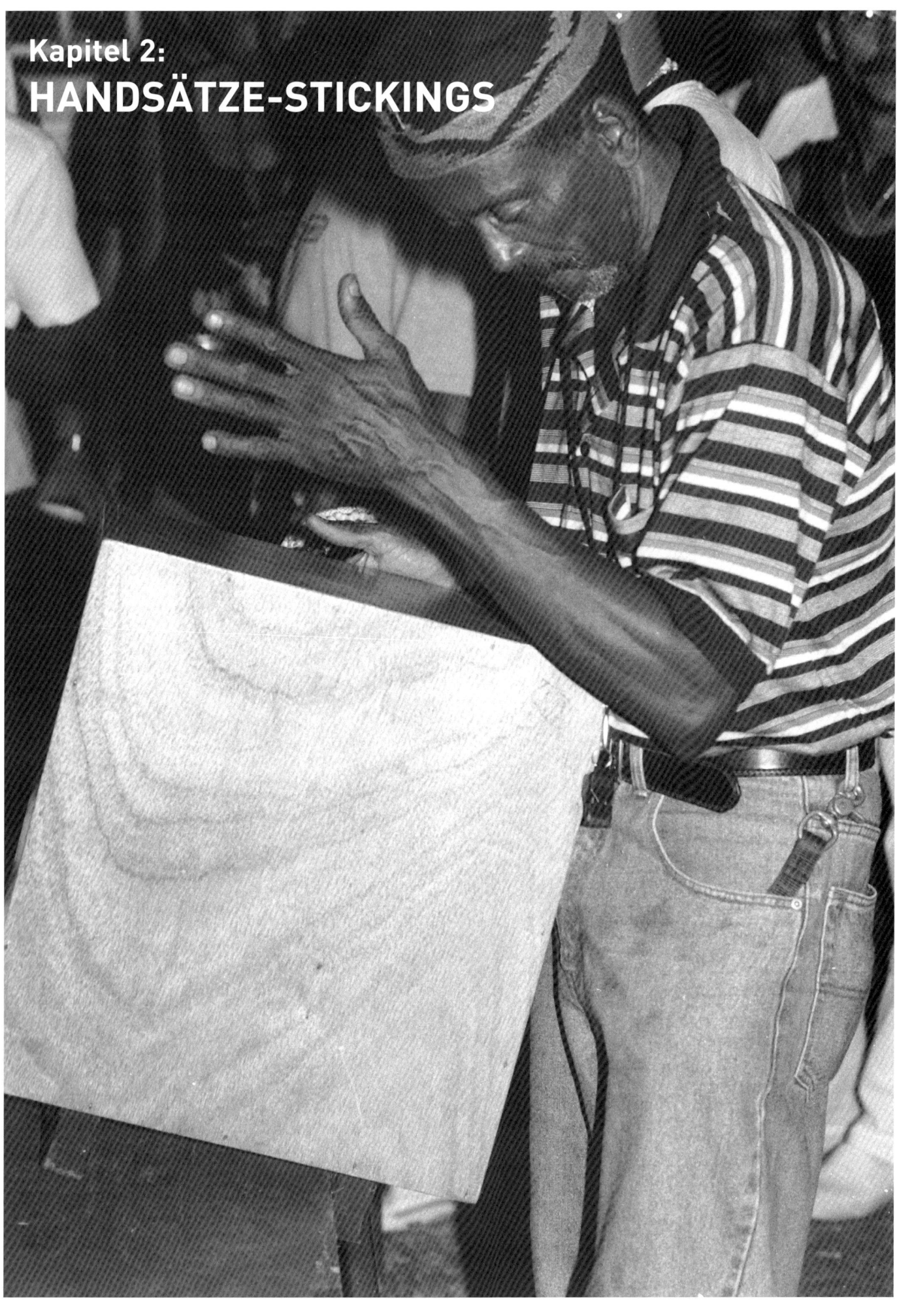

Kapitel 2:
HANDSÄTZE-STICKINGS

Kapitel 2
Handsätze-Stickings

1
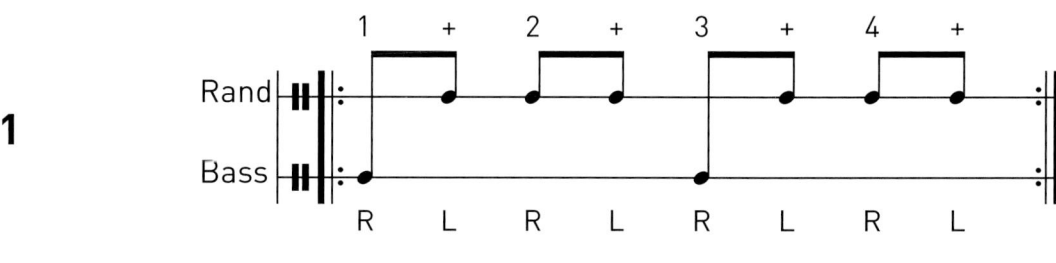

2
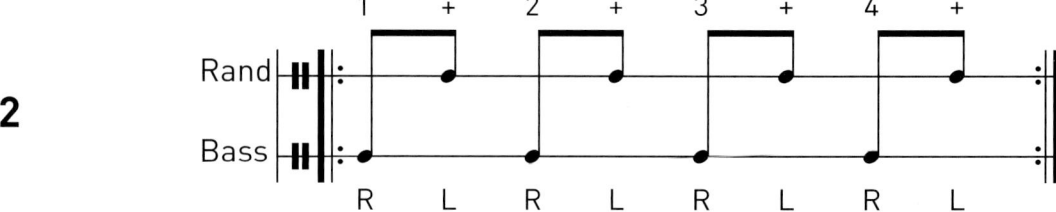

3
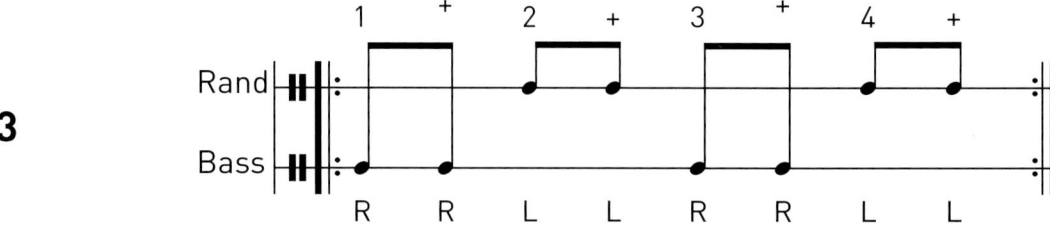

4
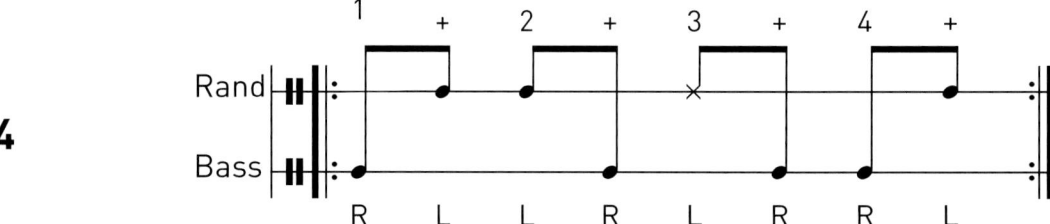

5
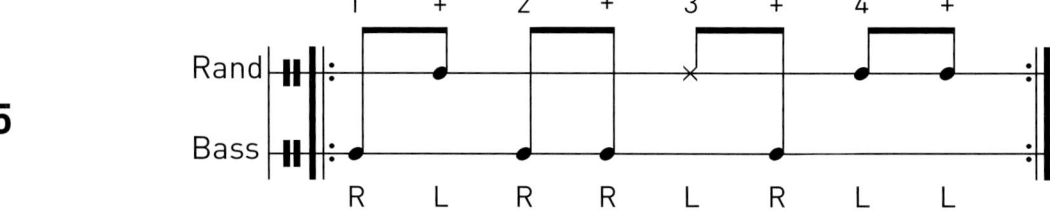

Kapitel 2
Handsätze-Stickings

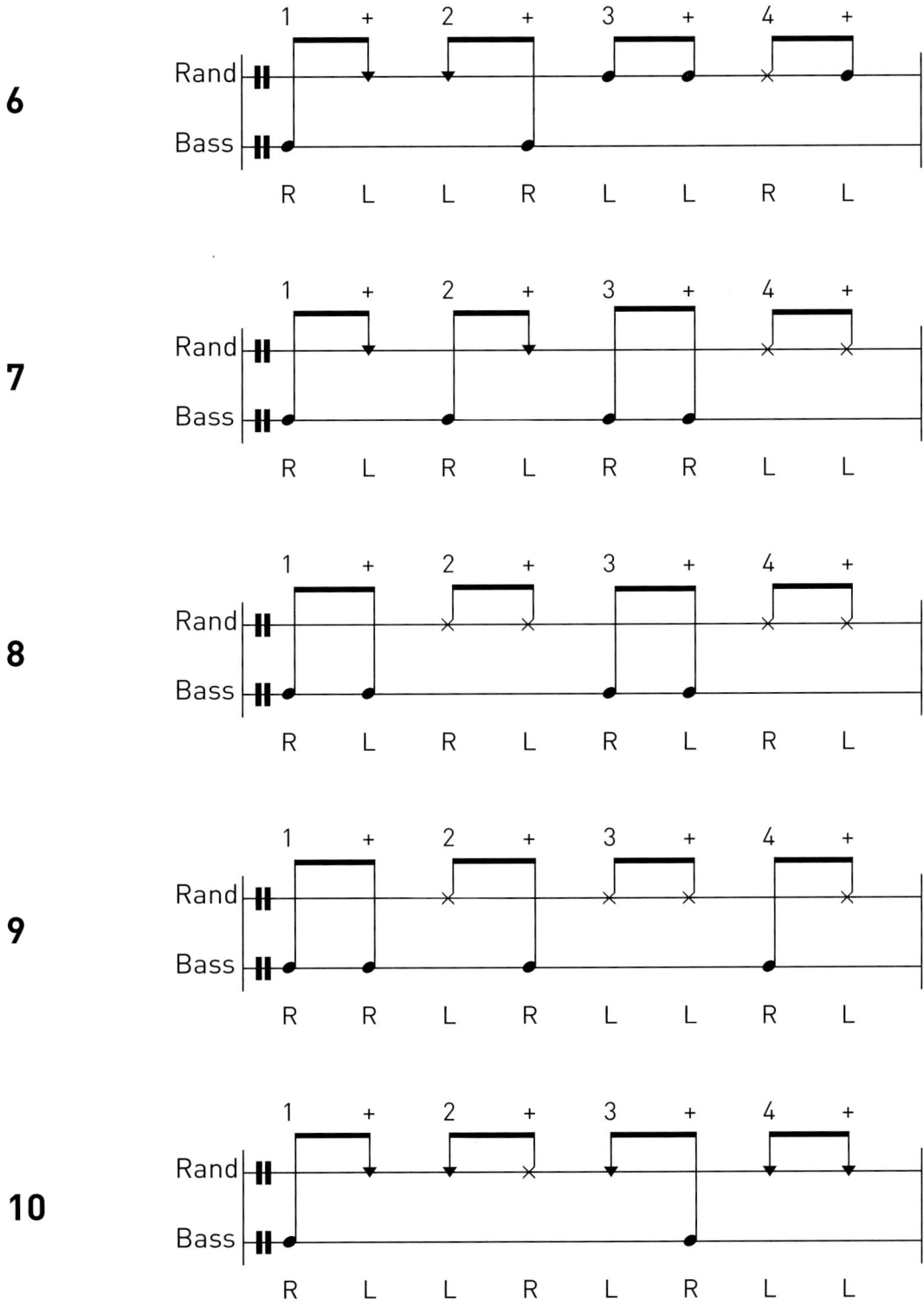

Einige dieser Handsätze sind dem Schlagzeugspiel entliehen, sie sollen dir helfen, dein Spiel noch variabler zu gestalten. Übe zunächst langsam und wenn möglich mit einem Metronom (Tempo 60-80 B.p.M.).

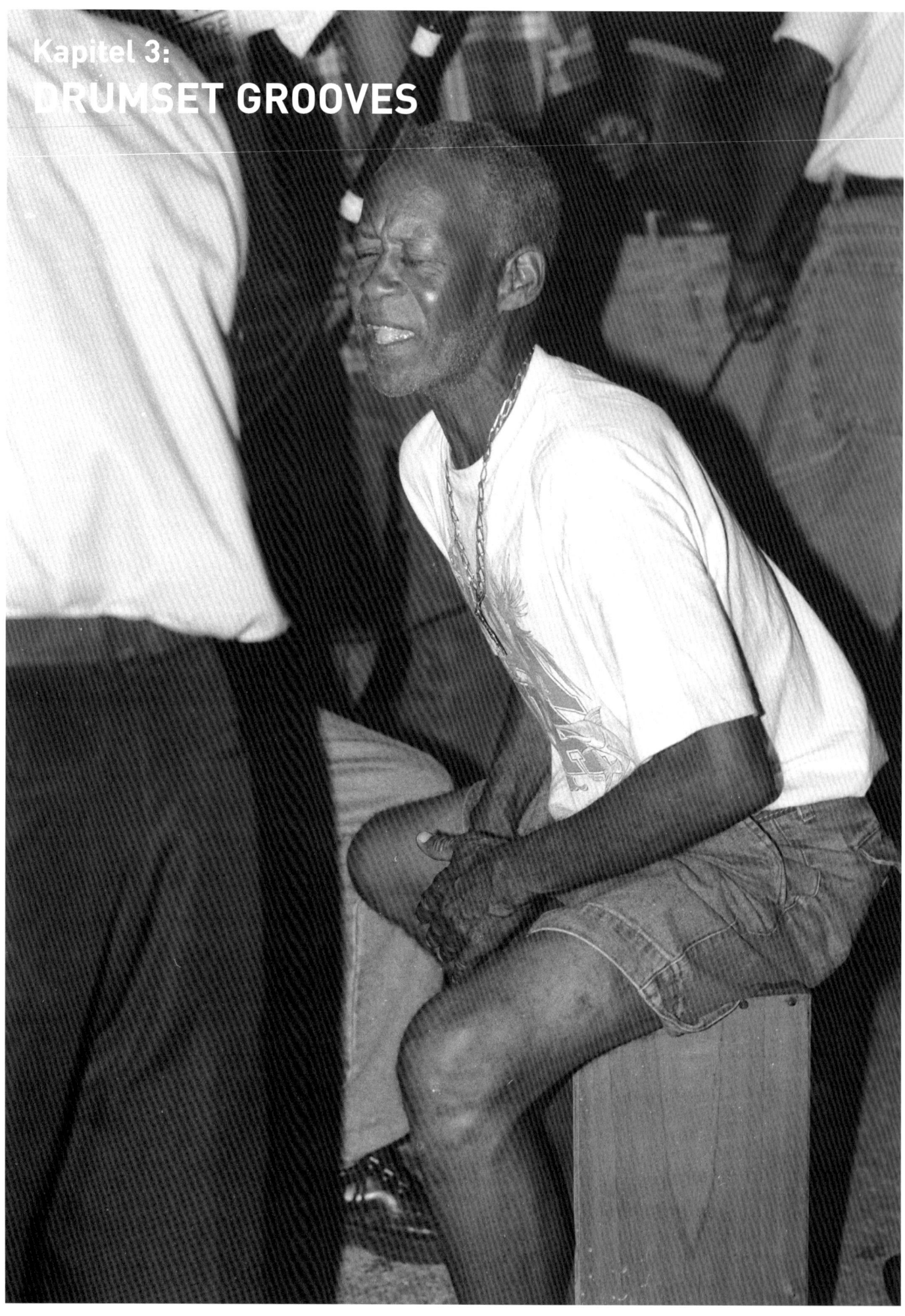

Kapitel 3:
DRUMSET GROOVES

Kapitel 3
Drumset Grooves

(1) **Tr 17**

(1) **Tr 18**

(1) **Tr 19**

(1) **Tr 20**

(1) **Tr 21**

Klinge wie ein kleines Schlagzeug. Der Bass soll die große, der Rand-Ton die kleine Trommel des Drumsets ersetzen. Diese Rhythmen eignen sich besonders gut zur Begleitung von Pop- und Rocksongs.

1

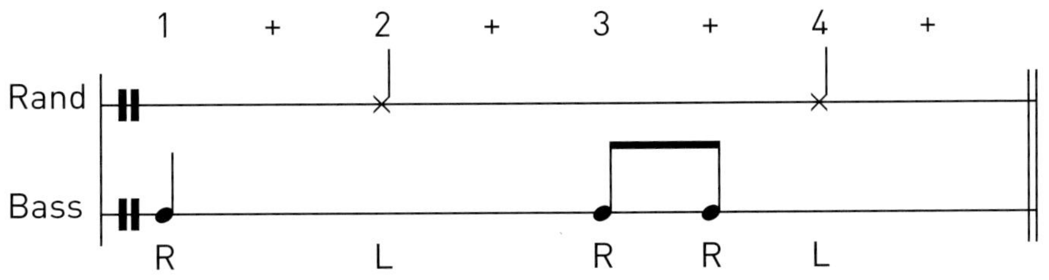

2

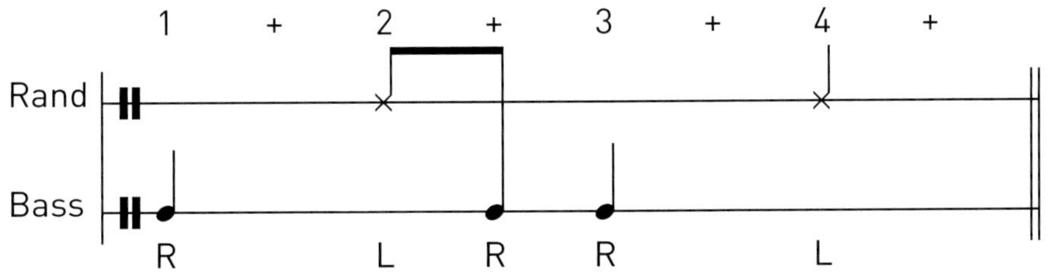

3

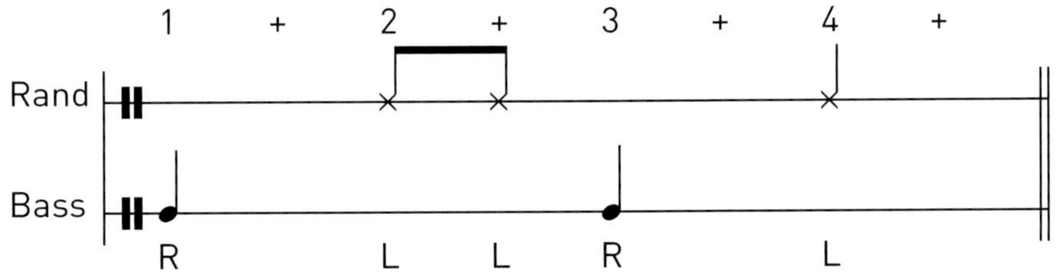

4

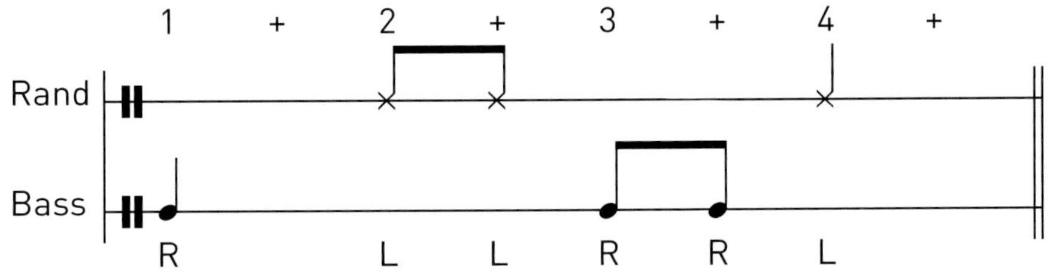

5

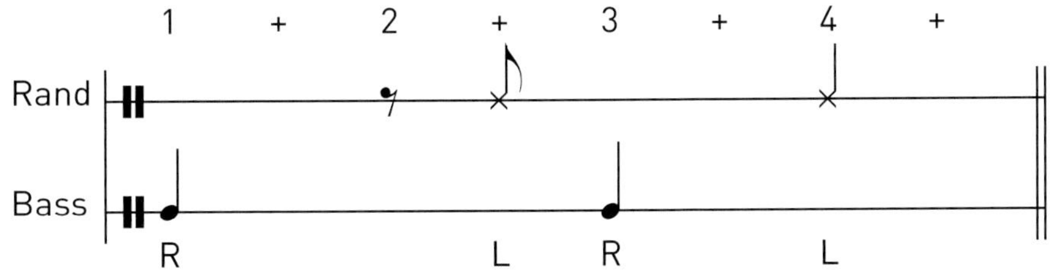

Kapitel 3
Drumset Grooves

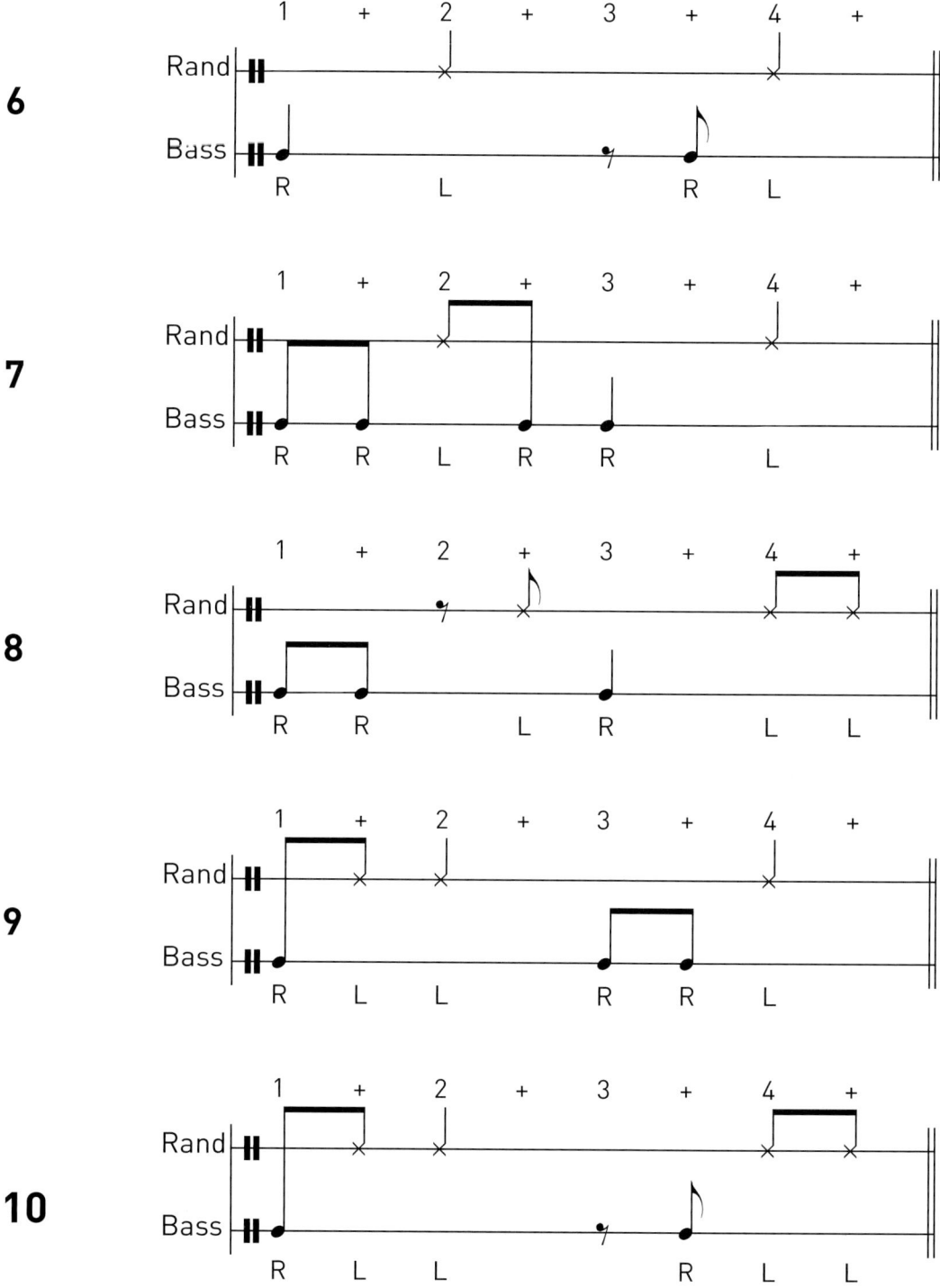

Kapitel 4:
DRUMSET GROOVES MIT 1/8 OSTINATO

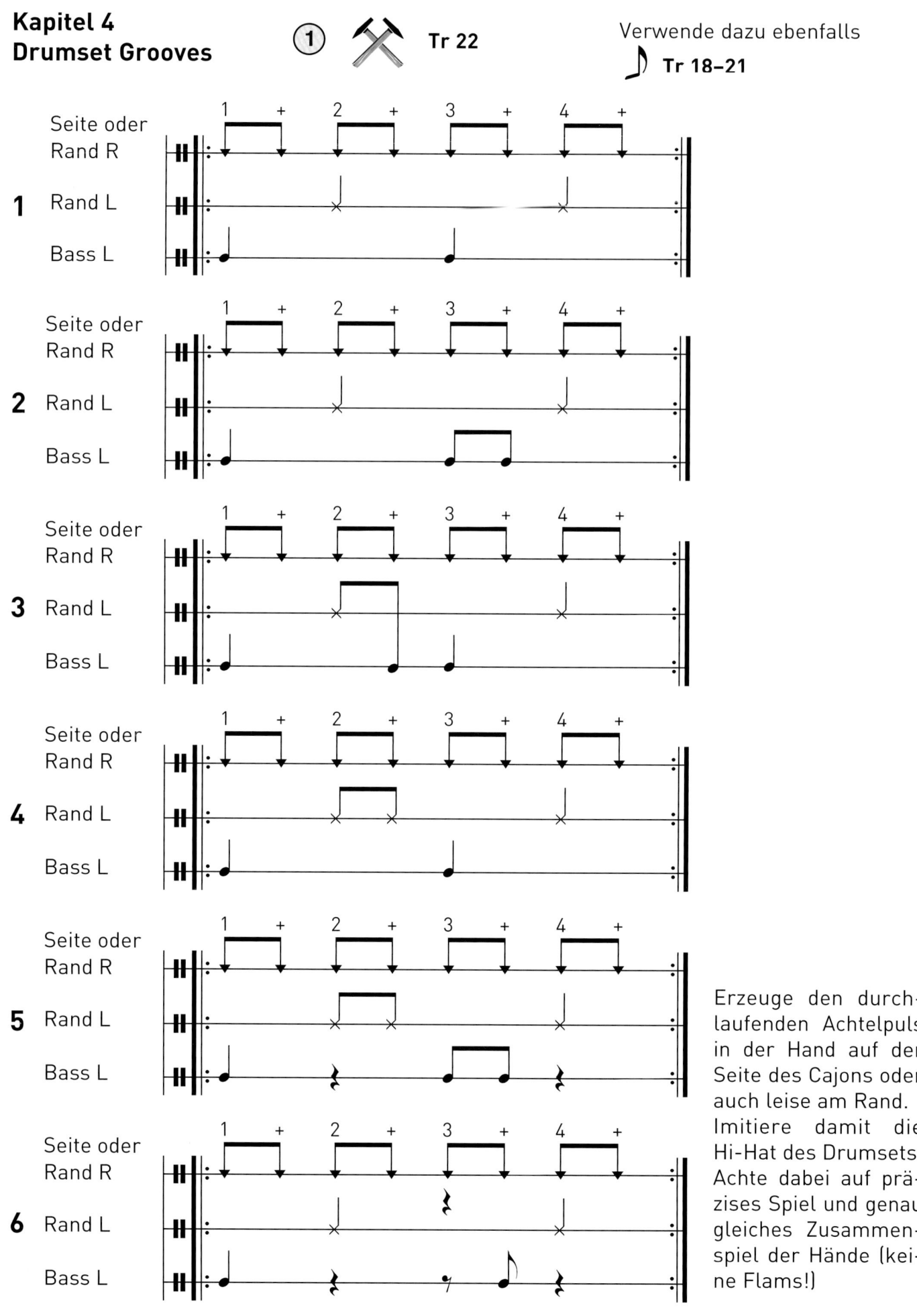

Kapitel 5:
DRUMSET GROOVES MIT 1/16 OSTINATO

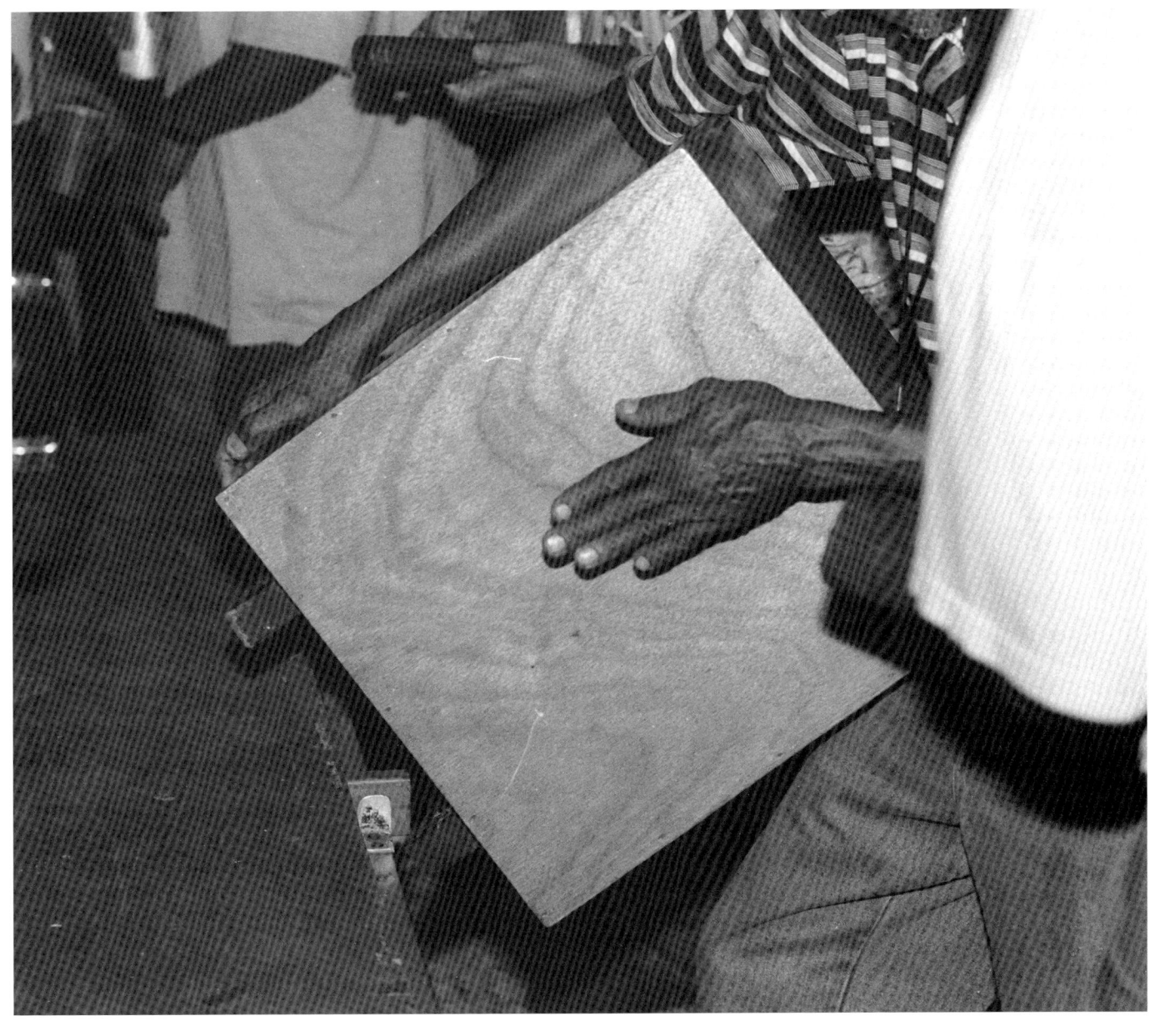

Kapitel 5
Drumset Grooves

 Tr 23    Tr 24–25

Achte erneut auf genaues Spiel, beginne nicht zu schnell!

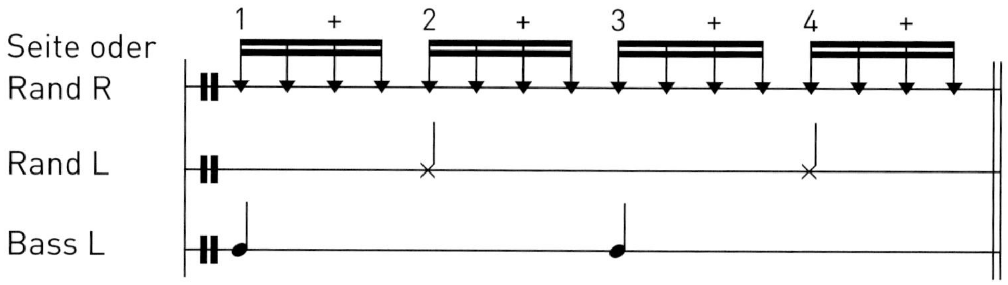

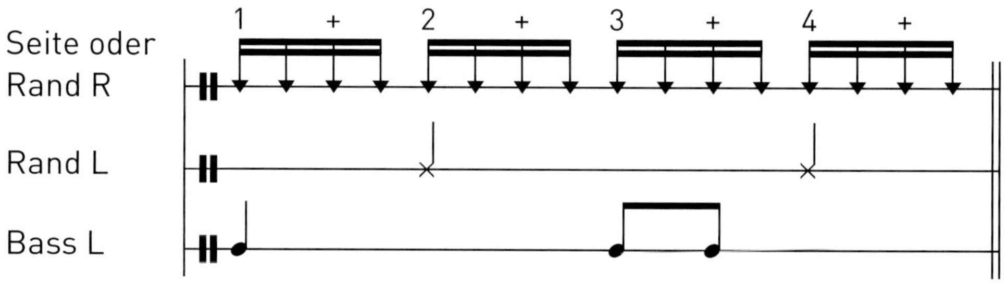

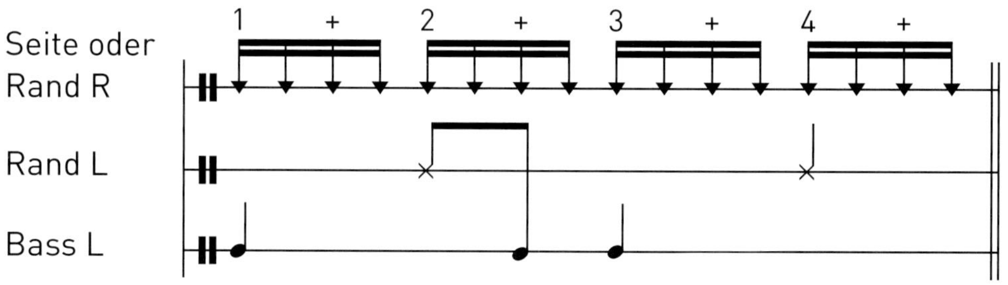

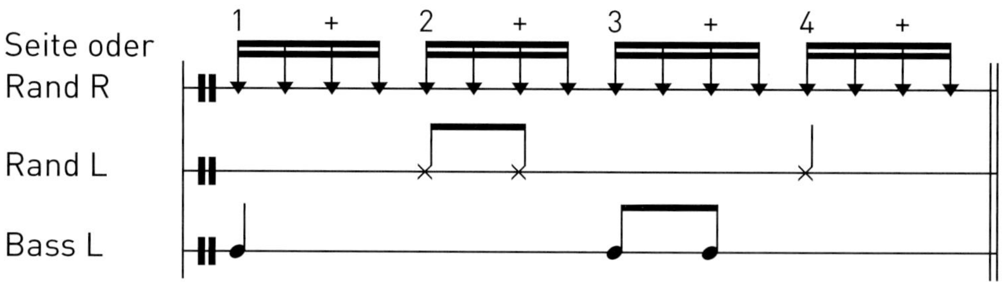

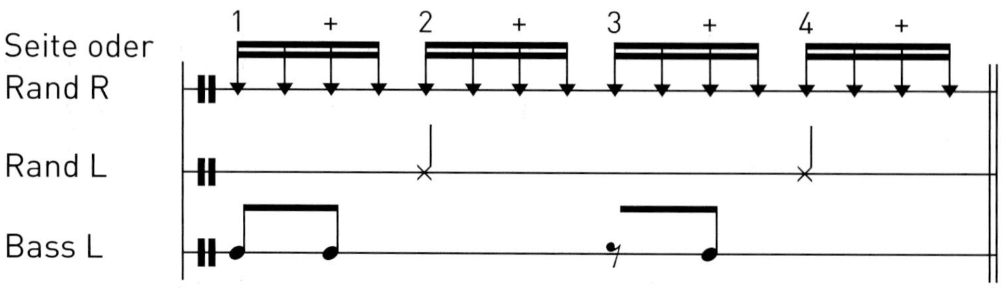

Kapitel 5
Drumset Grooves

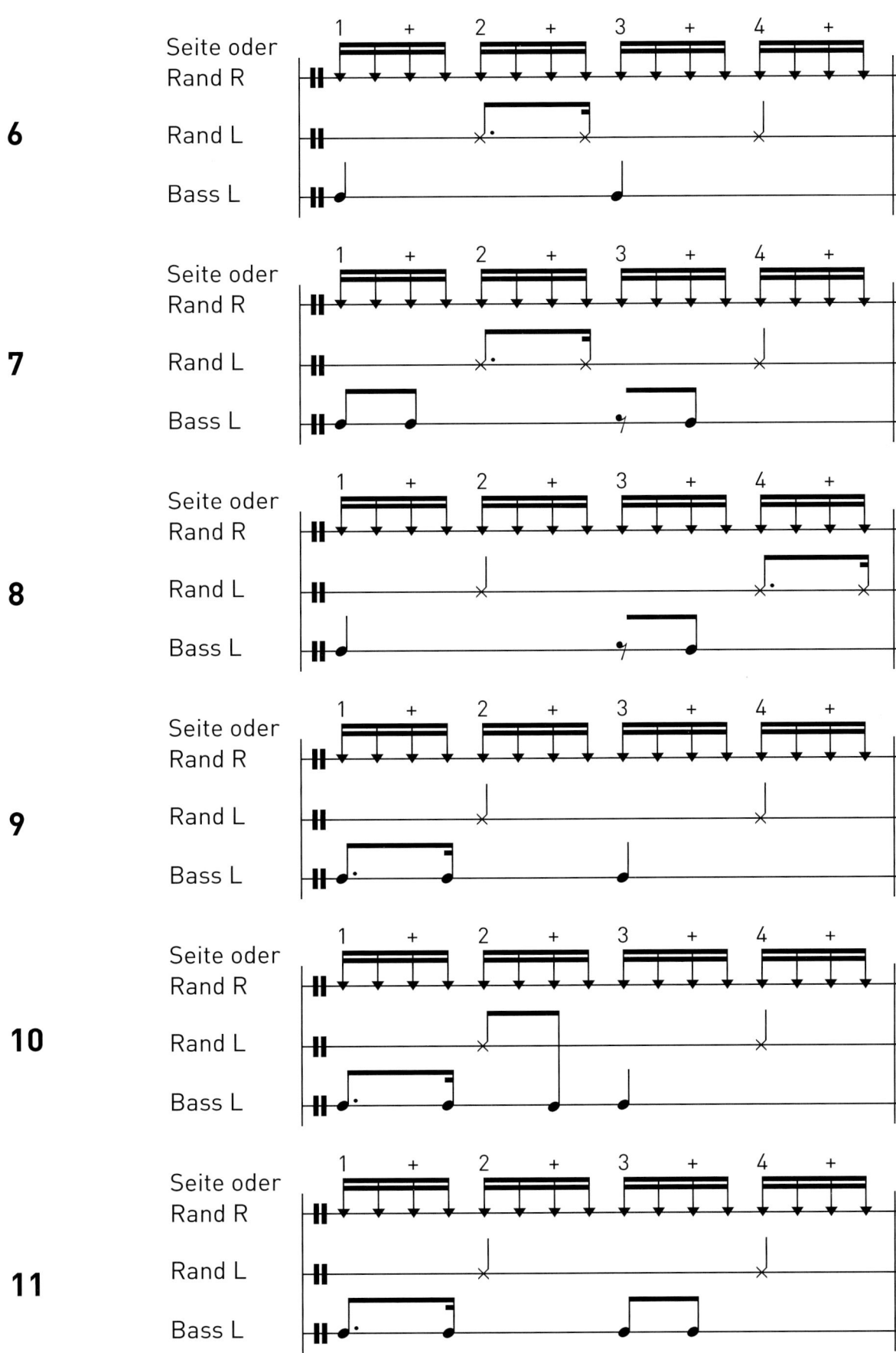

Kapitel 5
Drumset Grooves

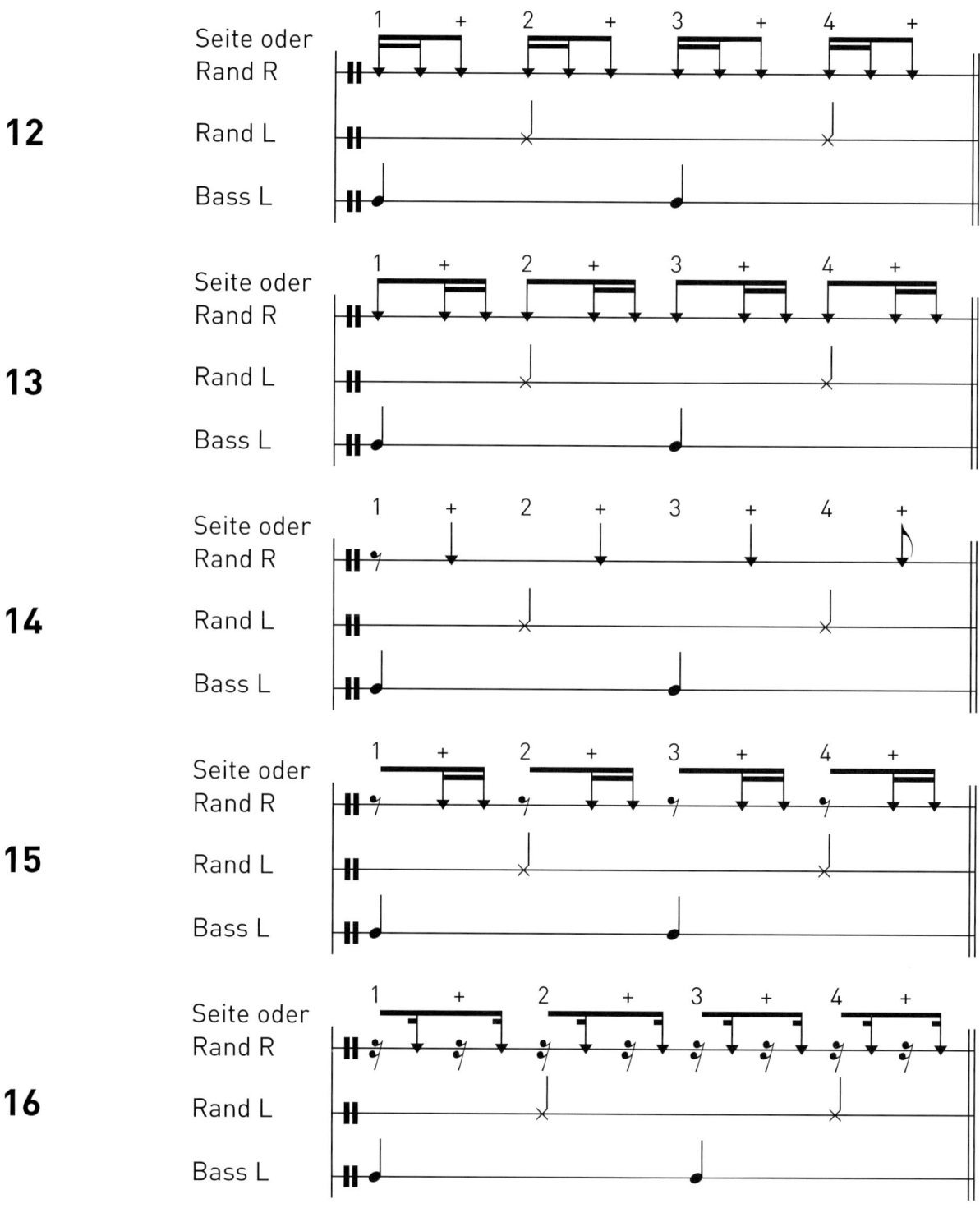

Kapitel 6:
AKZENTÜBUNGEN

Kapitel 6
Akzentübungen

1

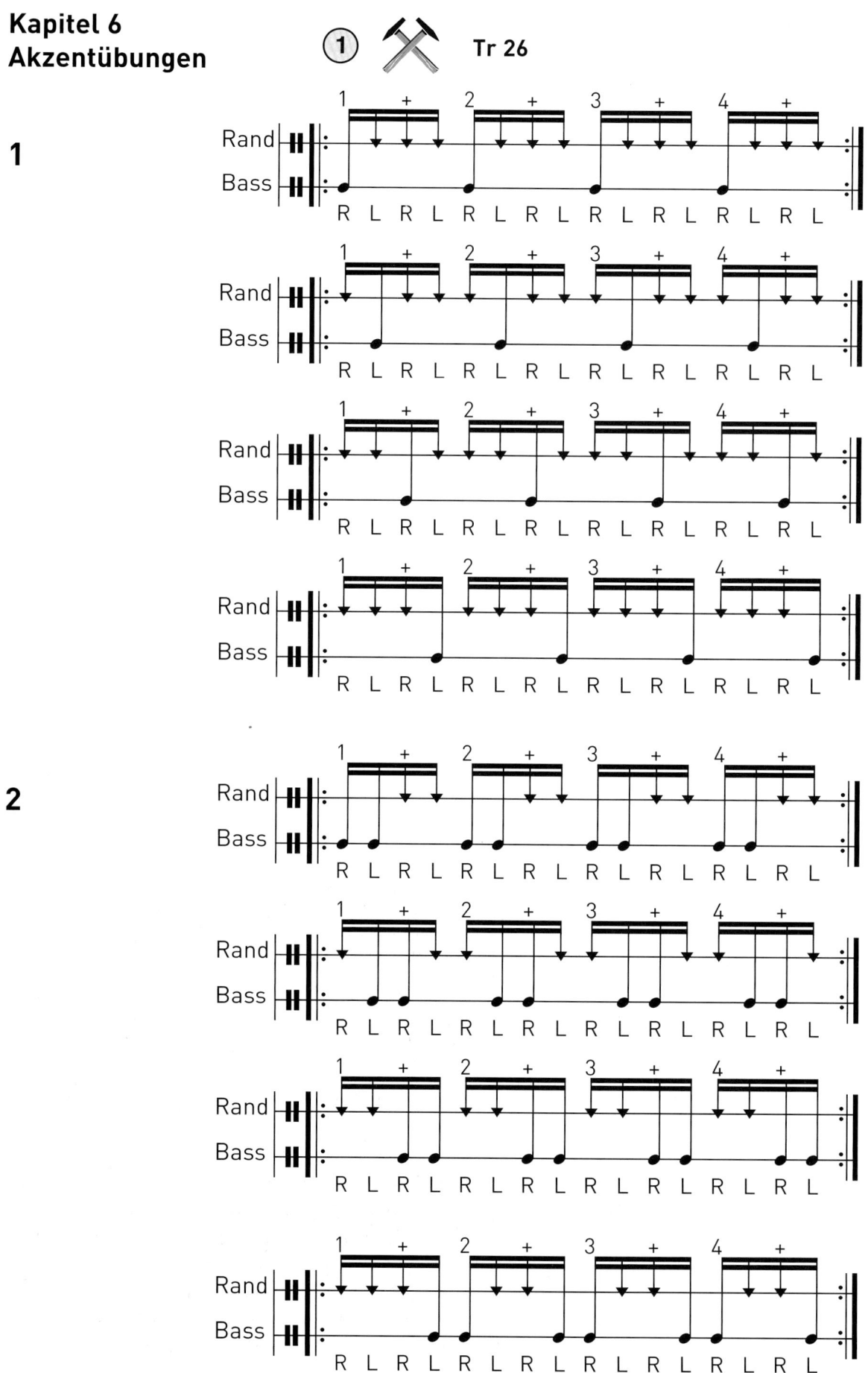

2

Nun wird deine linke, schwächere Hand gefordert. Übe zunächst jede Zeile langsam für sich und versuche dann alle 4 Zeilen durchzuspielen. Achte auf gleich laute Akzente der Hände.

Kapitel 6
Akzentübungen

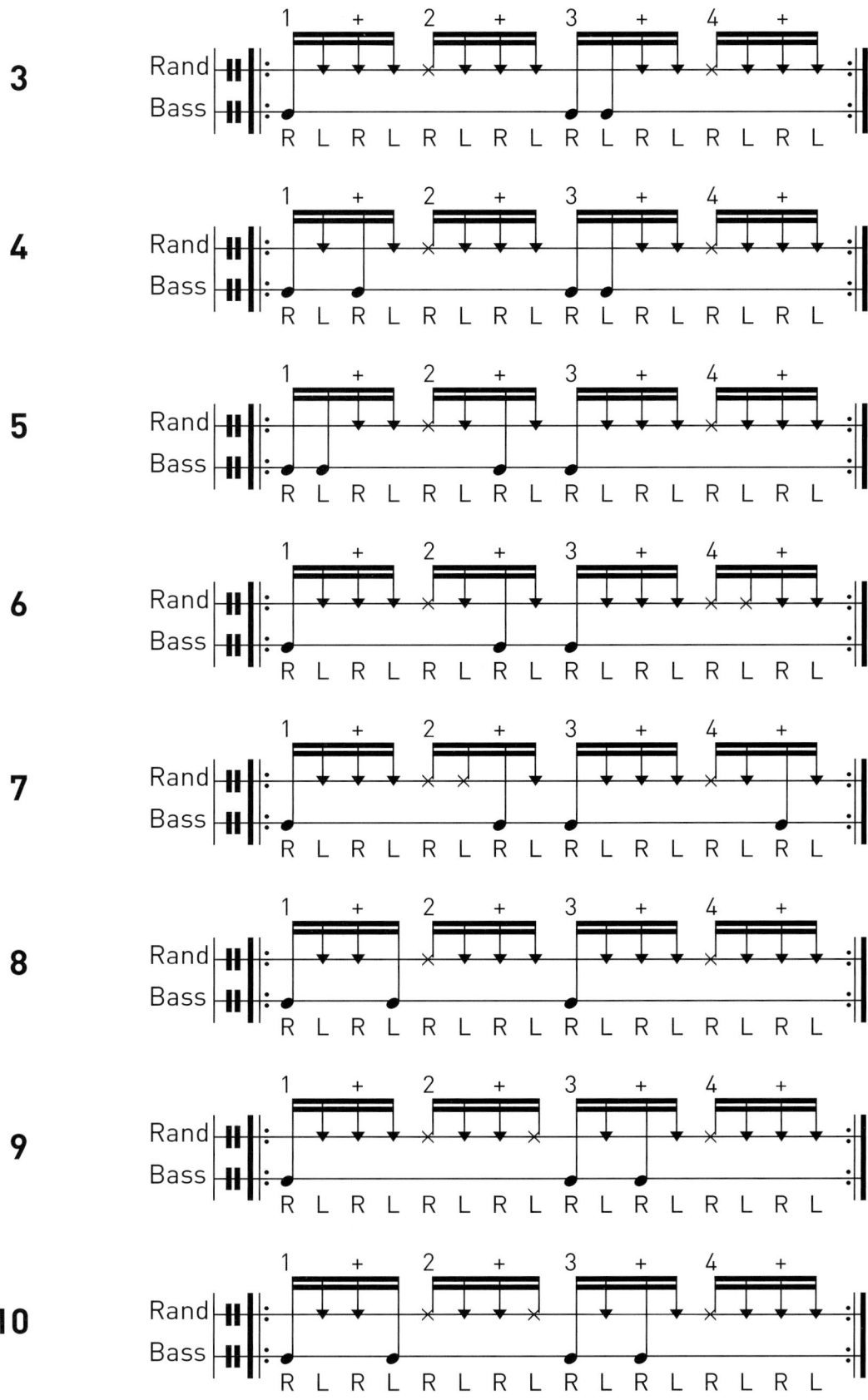

Kapitel 7:
SECHZEHNTEL-RHYTHMEN MIT RECHTS-LINKS HANDSATZ (FLOW)

Kapitel 7
Sechzehntel-Rhythmen mit Handsatz R-L (Flow)

① Tr 27

In den aufgeführten Rhythmen werden beide Hände gleichermaßen beansprucht. Versuche stets den Fluss aus lauten und leisen Schlägen aufrecht zu erhalten. Beginne erneut langsam (60 B.p.M.).

1

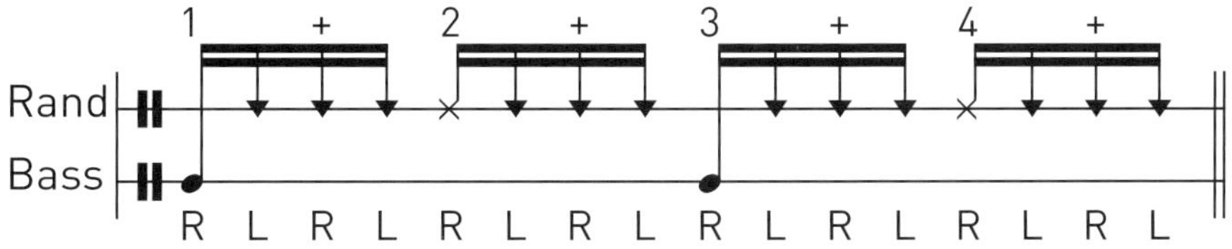

2

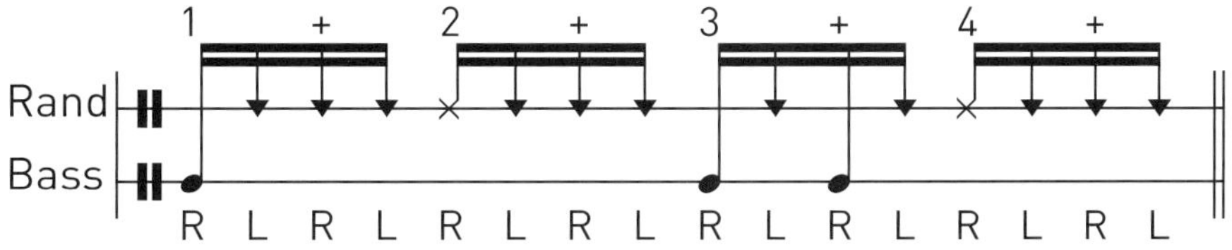

3

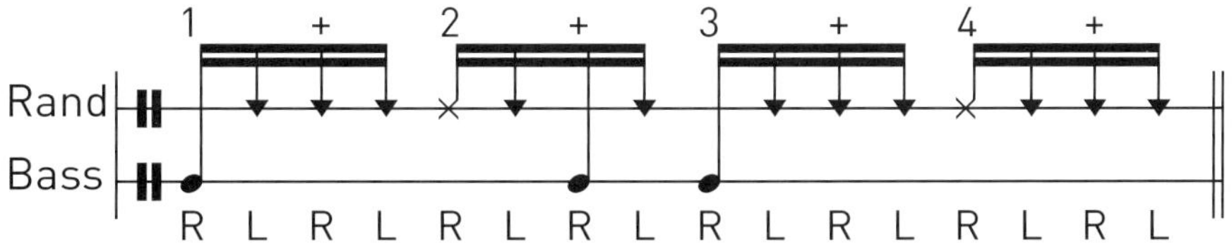

4

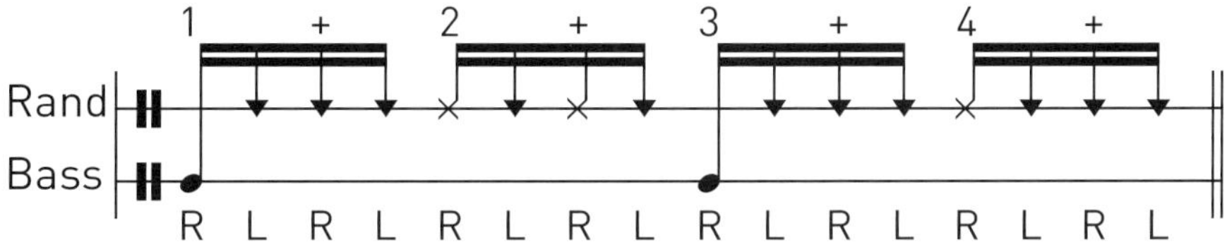

5

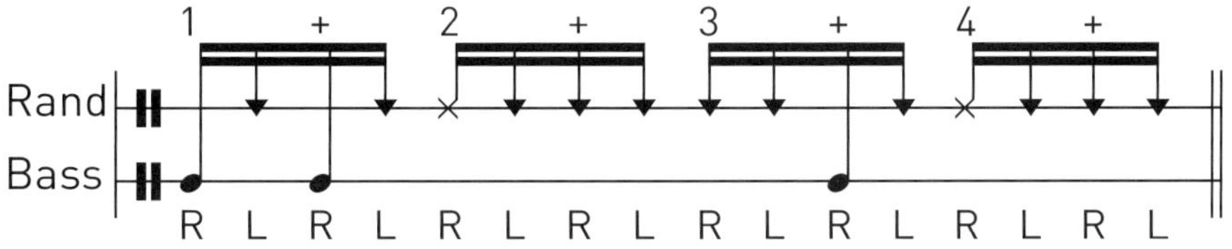

6

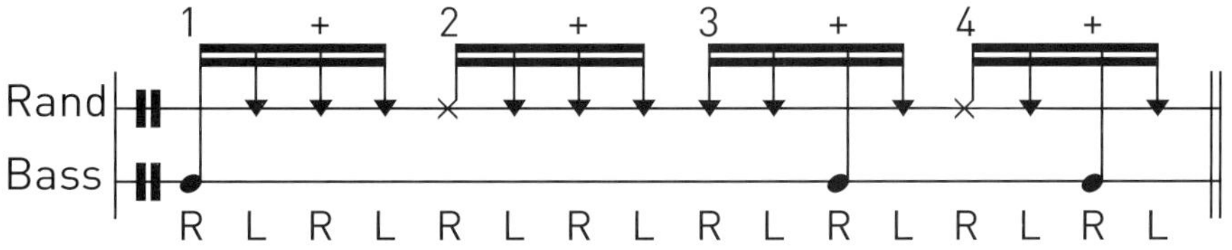

7

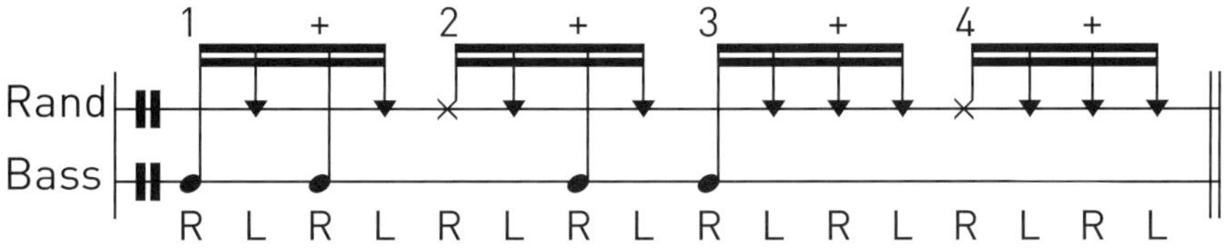

8

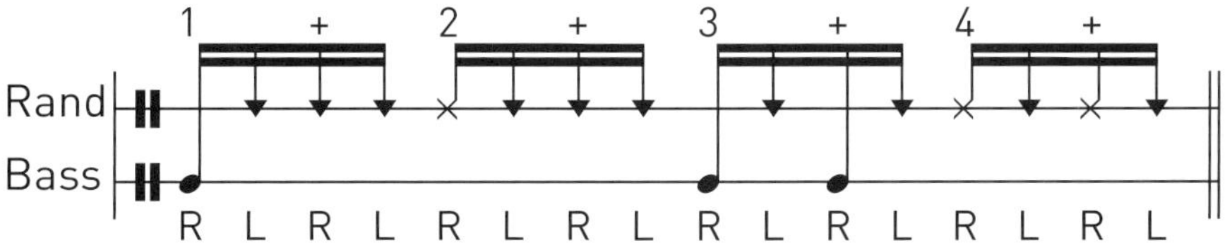

Kapitel 7
Sechzehntel-Rhythmen mit Handsatz R-L (Flow)

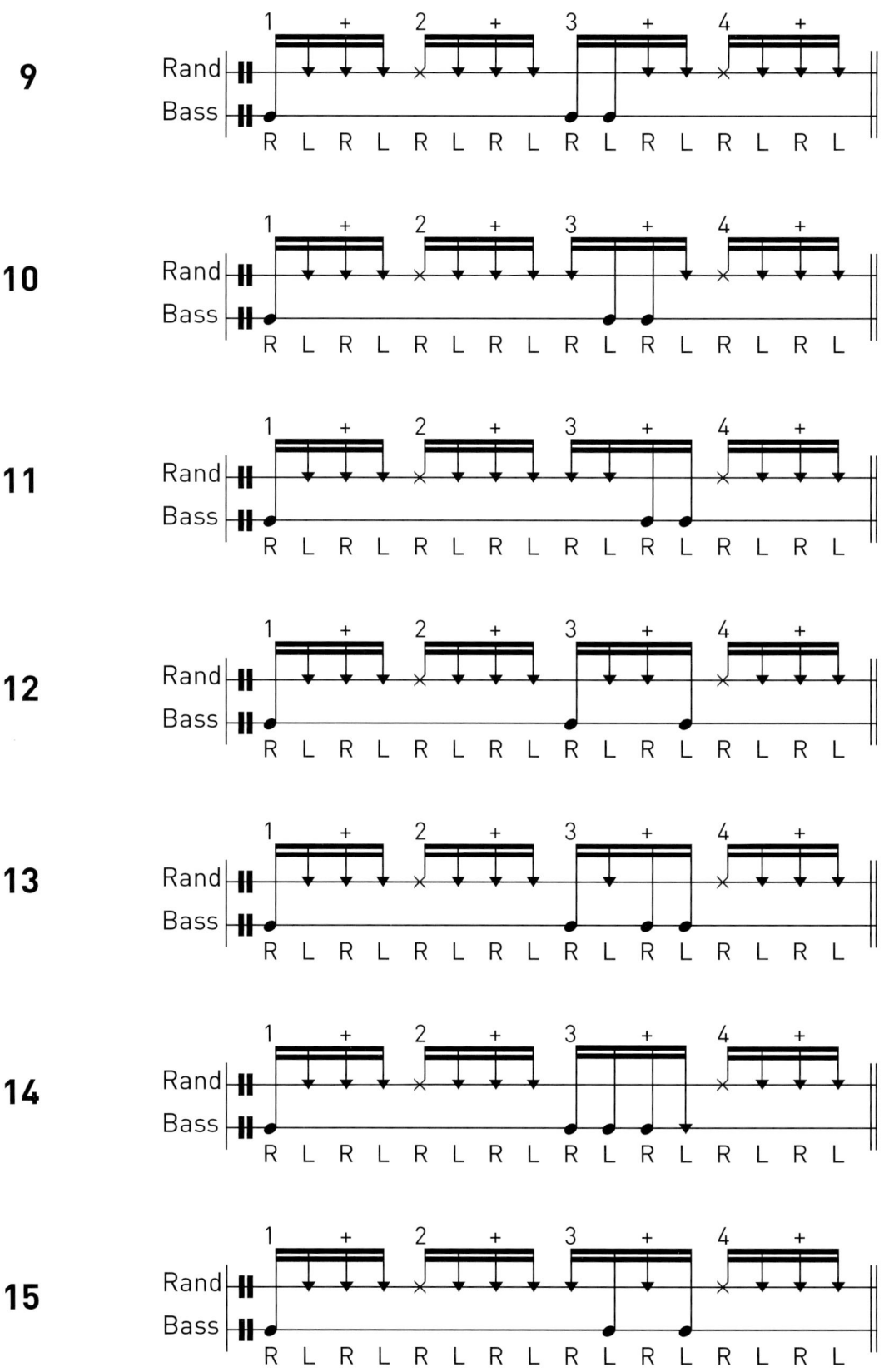

Kapitel 7
Sechzehntel-Rhythmen mit Handsatz R-L (Flow)

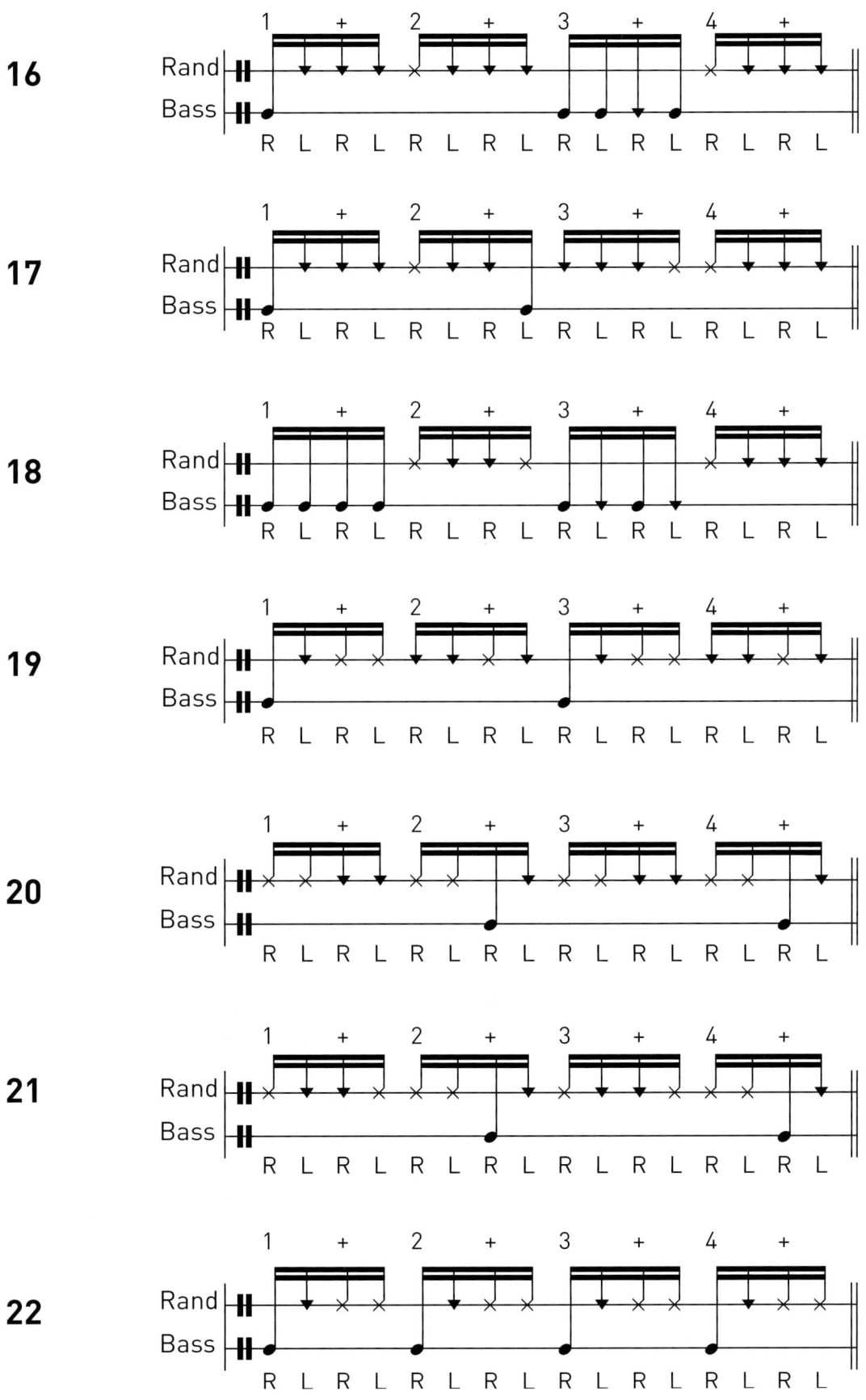

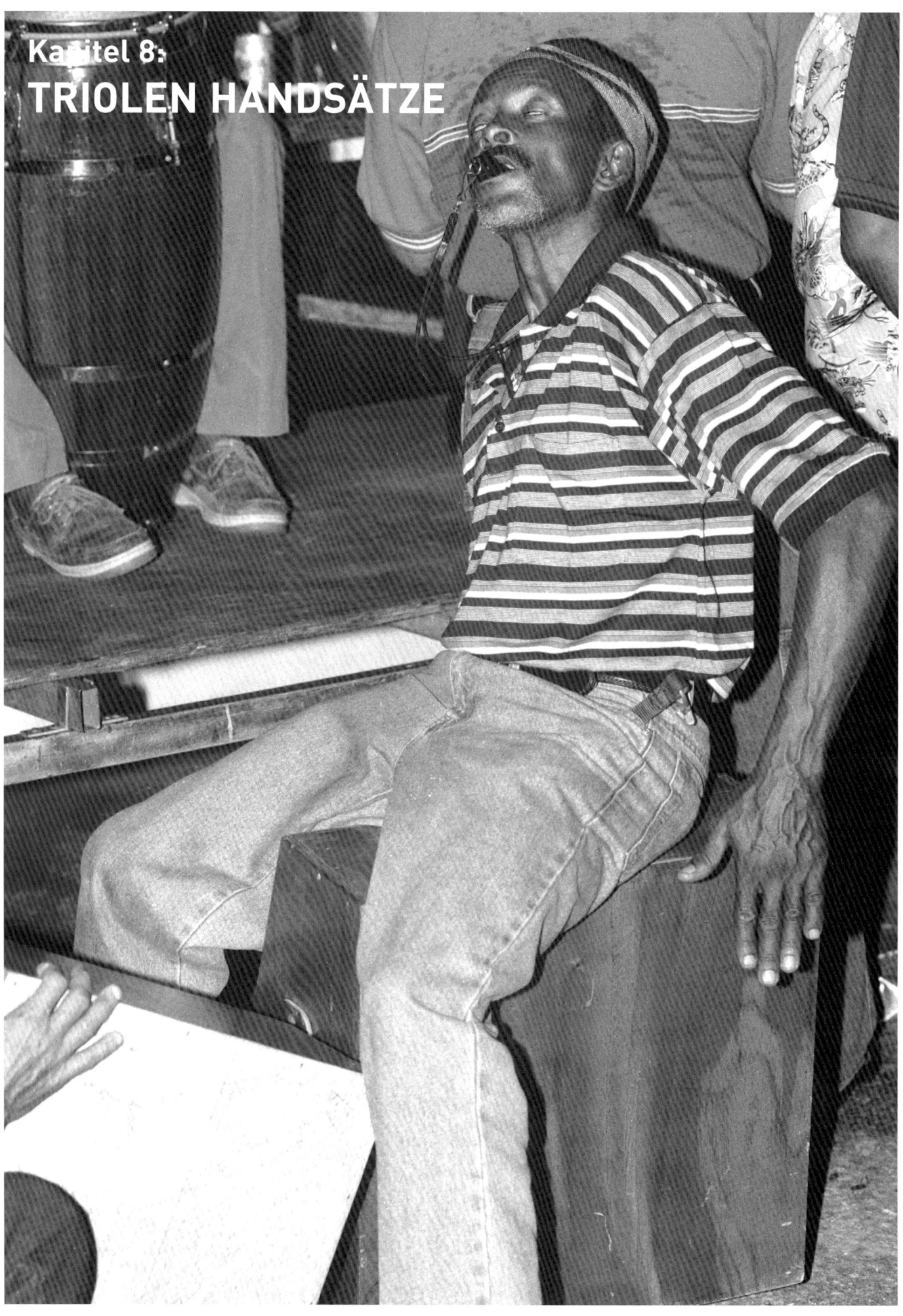

Kapitel 8:
TRIOLEN HANDSÄTZE

Kapitel 8
Triolen Handsätze (Stickings)

 Tr 28   ♪ Tr 29

Erneut lernst du verschiedene Handsätze-Stickings. Diesmal ist die Triole (drei Schläge pro Beat) unsere Basis, die erste Übung im Walzerstil soll dir helfen, das richtige Spielgefühl zu erlangen.

1 R L L R L L R L L R L L

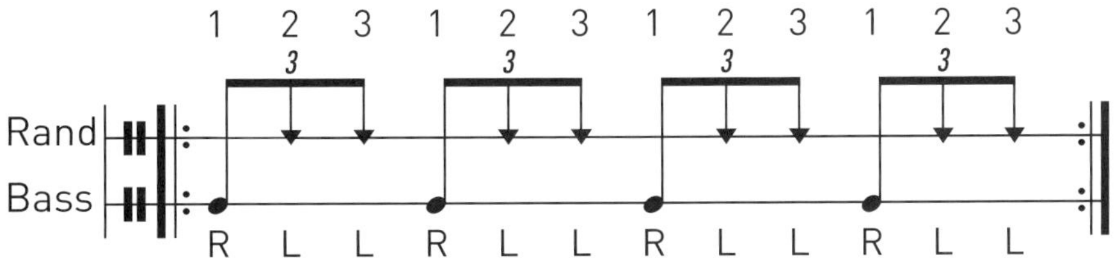

Und auch im R/L Handsatz

2 R L R L R L R L R L R L

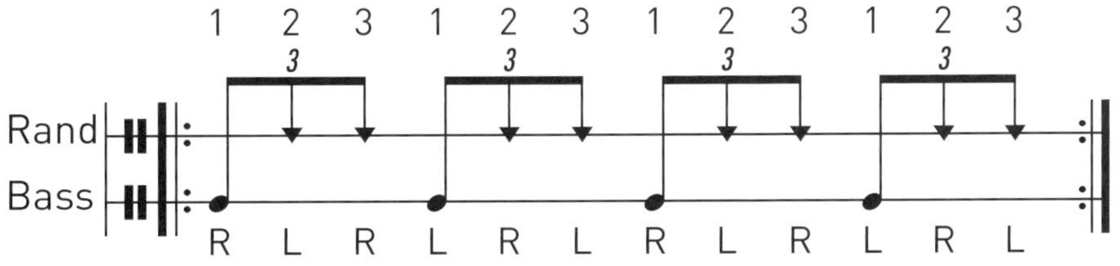

3 R R L L R R L L R R L L

4 R L R L R R L R L R L L

5 R L L R R L R L L R R L

6 R L L R L R L R R L R L

7 R L R L R R L R L R L R

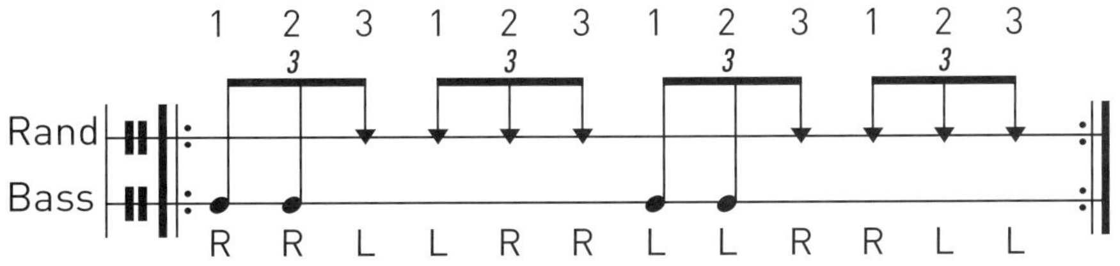

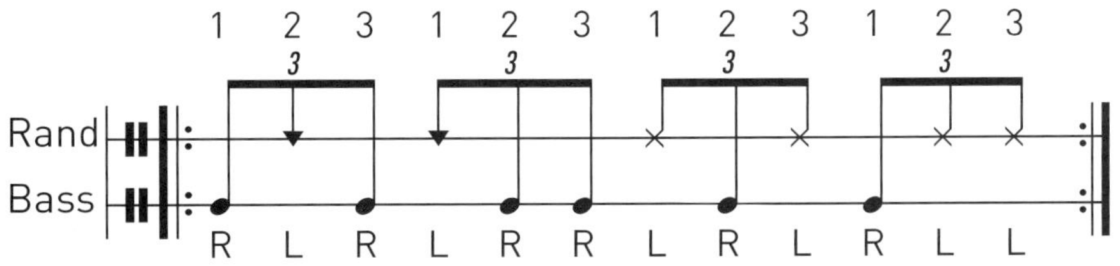

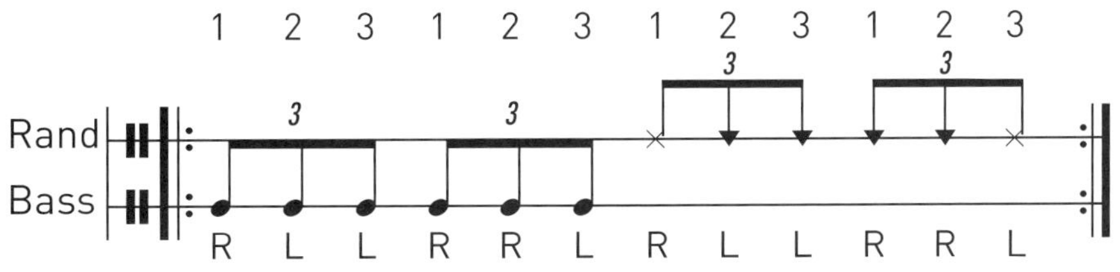

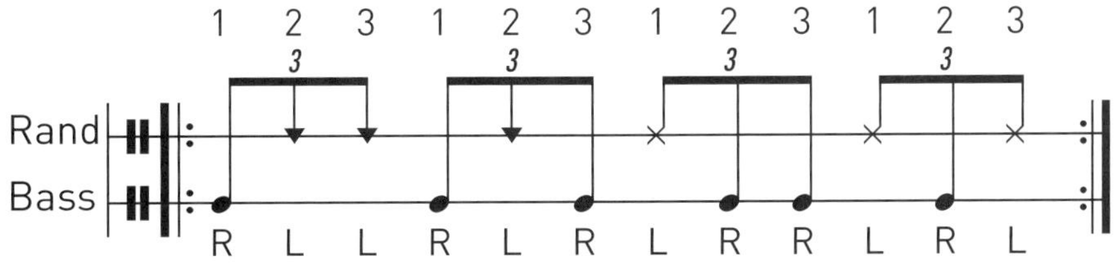

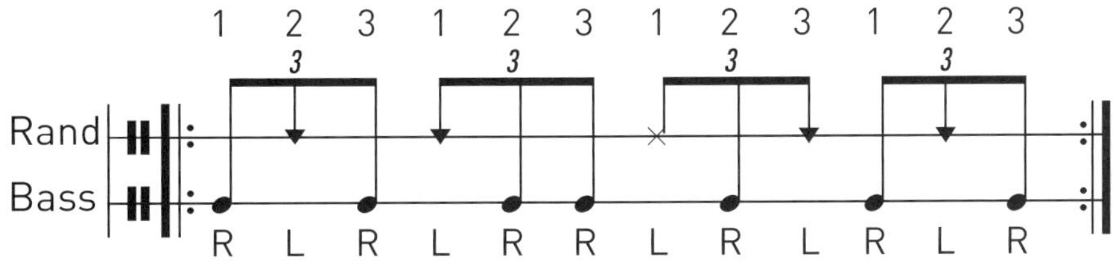

Kapitel 8
Triolen Rhythmen (Grooves)

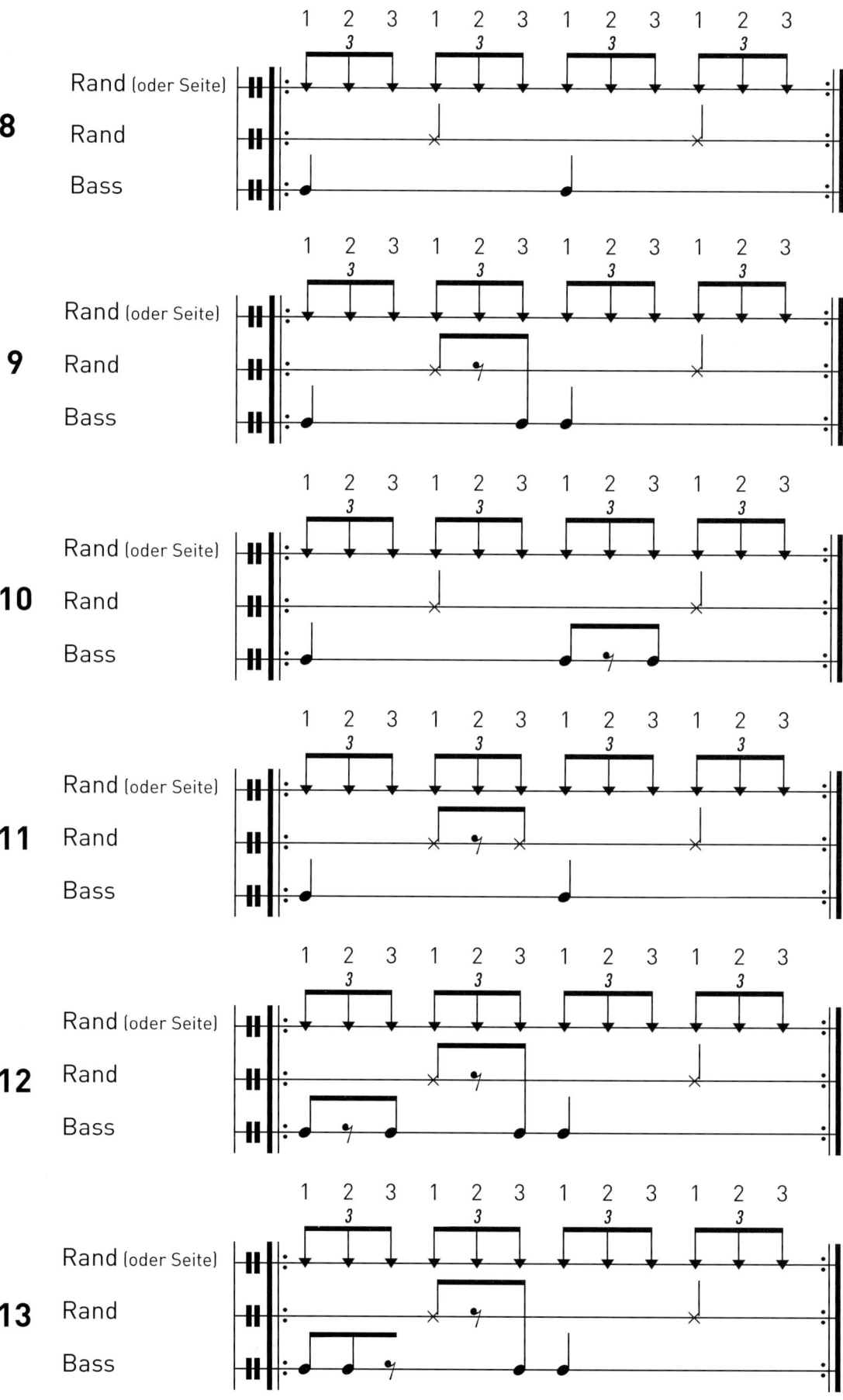

Kapitel 9: SHUFFLE RHYTHMEN

Kapitel 9
Shuffle Rhythmen

 Tr 30

 Tr 31
Tr 32

Auf Basis der Triole lernst du die Shuffle-Figur bei der die mittlere (zweite) Achtel fehlt. Zähle zunächst drei Achtel, um die richtige Platzierung der beiden Schläge zu erlernen.

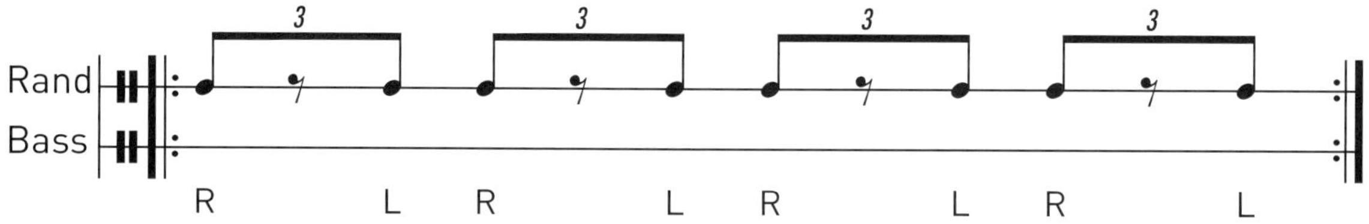

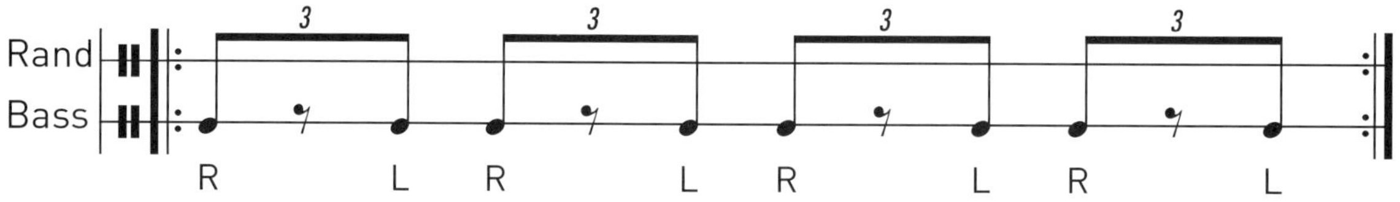

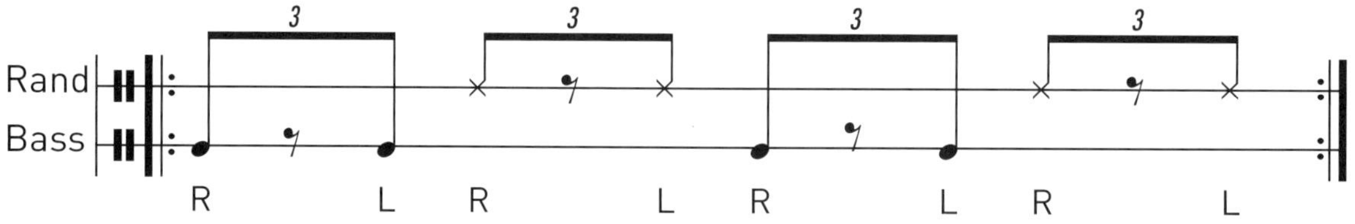

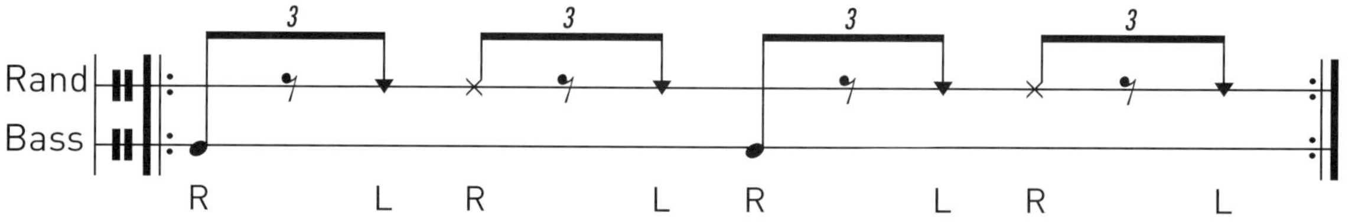

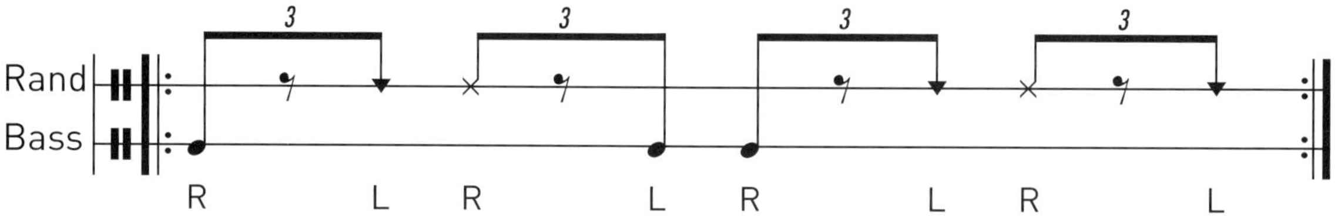

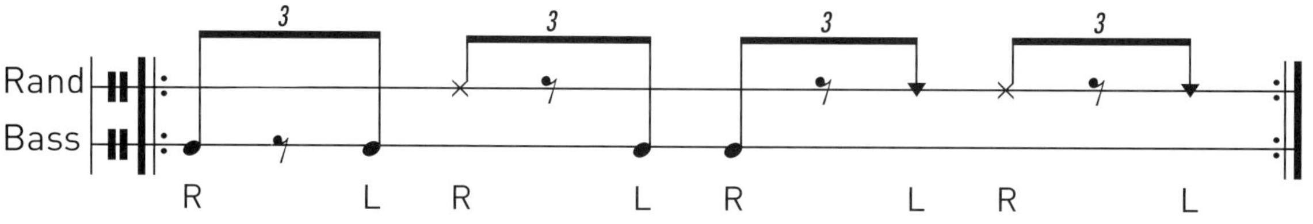

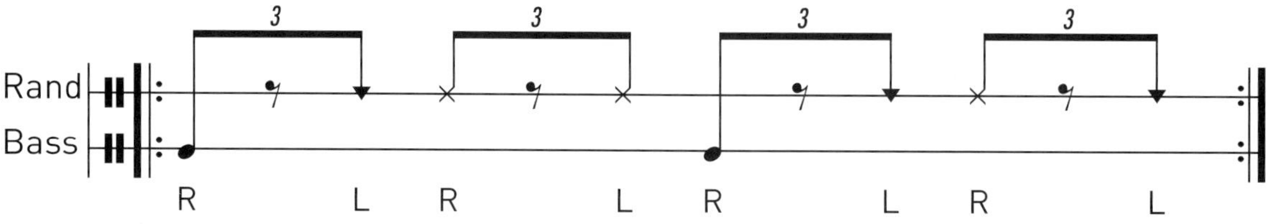

Kapitel 9
Shuffle Rhythmen

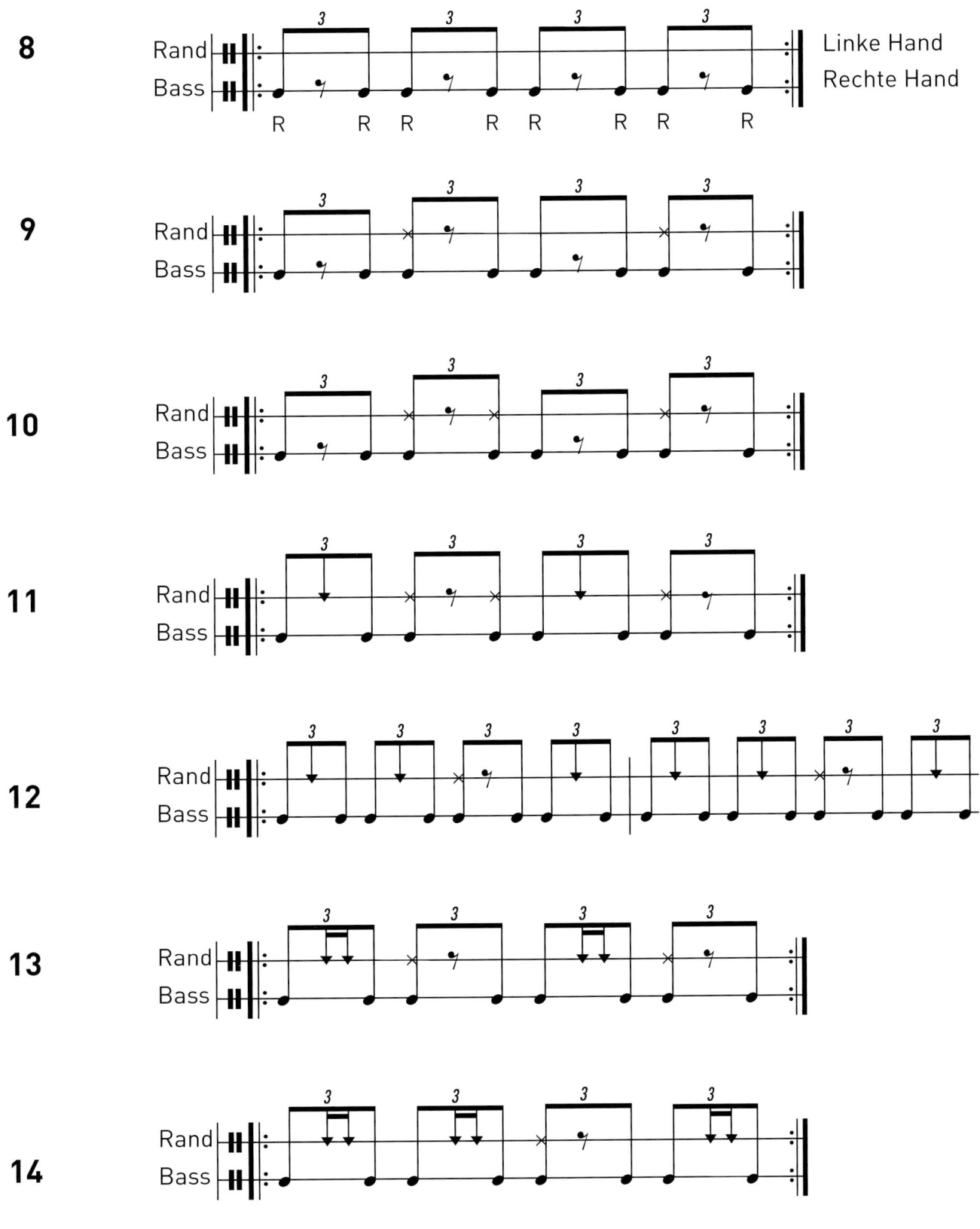

Kapitel 9
Shuffle Halftime

Basic:

15

Ein zweitaktiger Rhythmus:

16

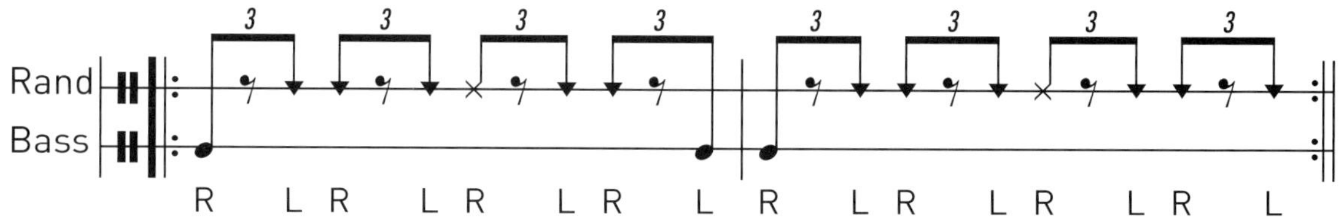

17

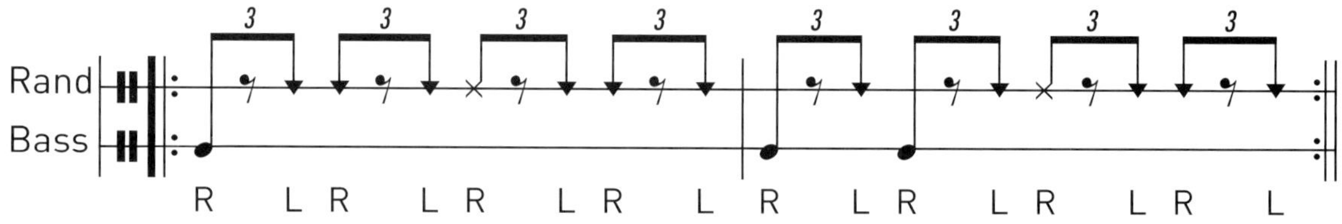

18

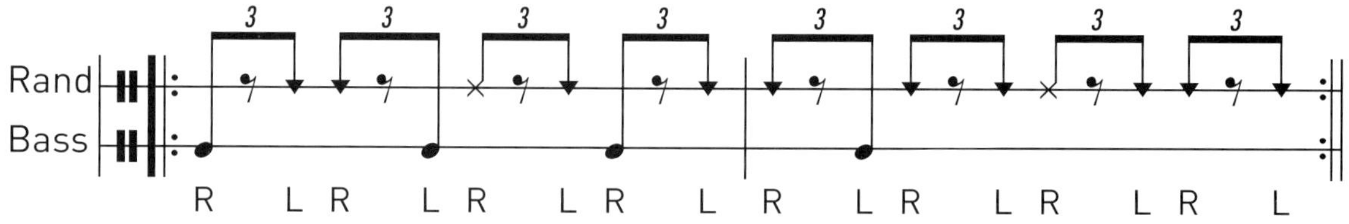

19

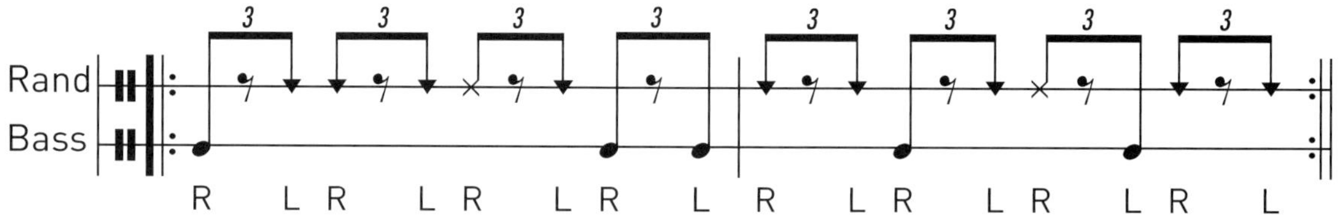

20

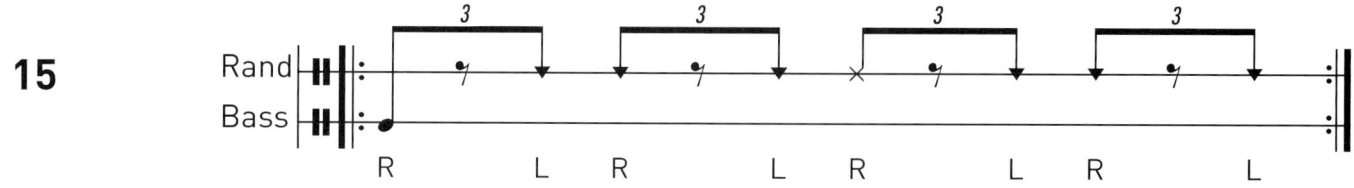

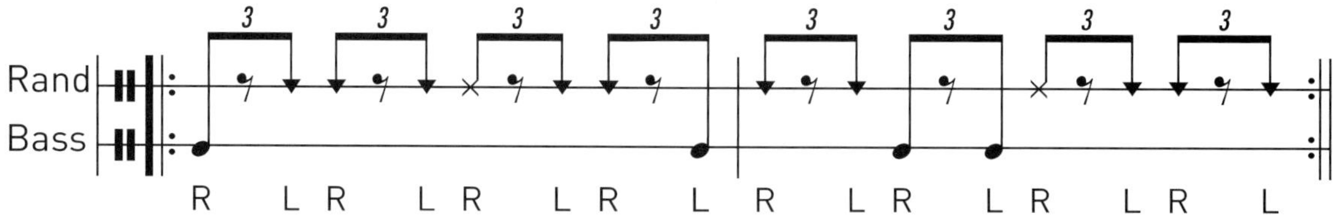

Kapitel 10:
SHAKER GROOVES

Kapitel 10
Shaker Grooves

 Tr 33

1 Shaker / Rand / Bass

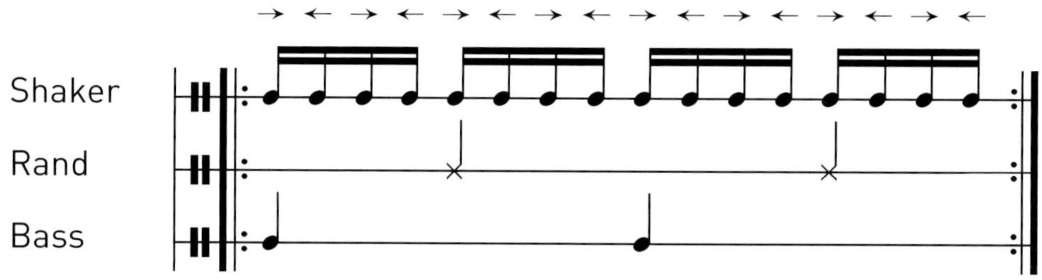

2 Shaker / Rand / Bass

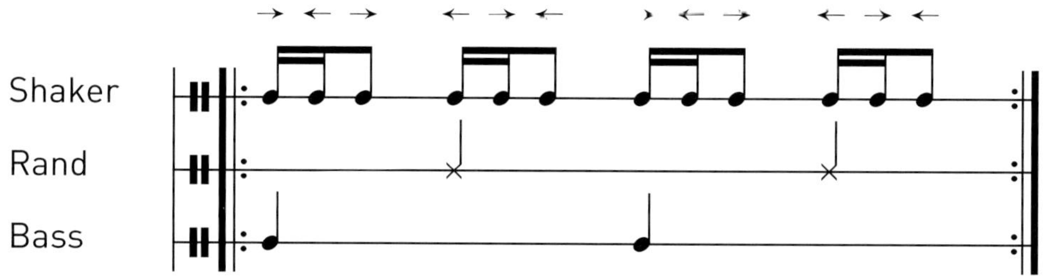

3 Shaker / Rand / Bass

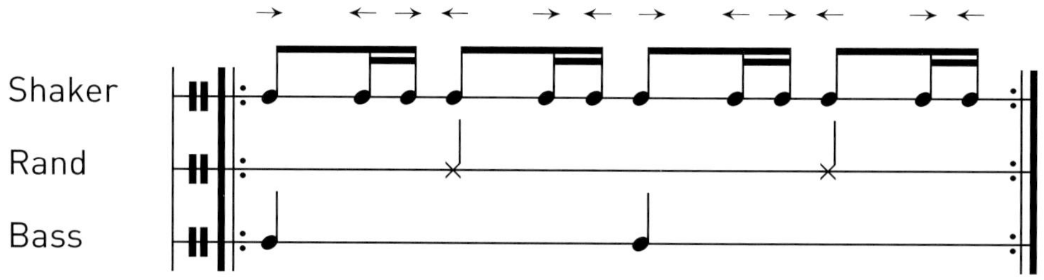

4 Shaker / Rand / Bass

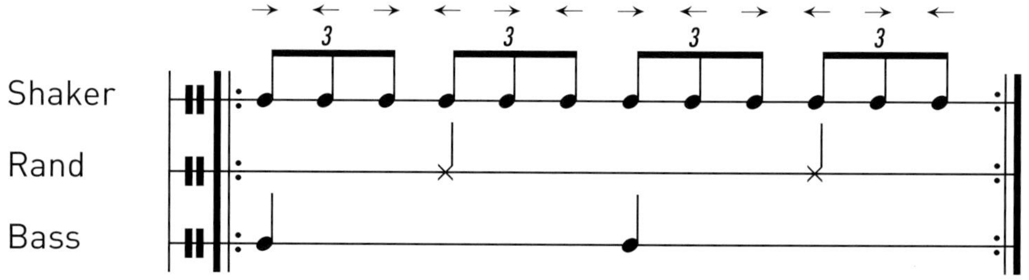

5 Shaker / Rand / Bass

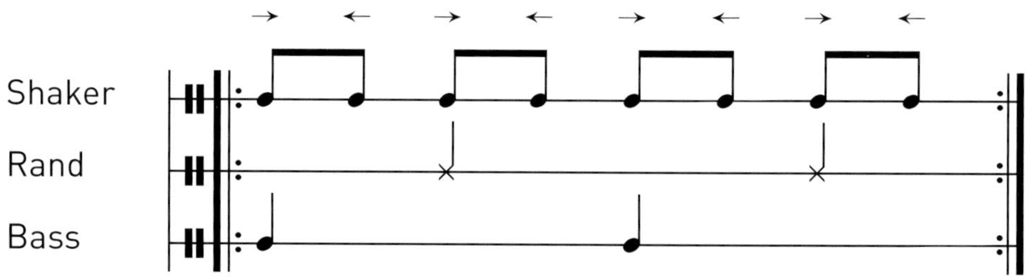

Shaker nach vorn →   Shaker nach hinten ←

Bewege den Shaker möglichst in horizontaler Position. Halte das Handgelenk steif und spiele aus dem Ellbogen heraus. Achte auf kurze, definierte und federnde Wege deines Shakers. Erreiche zusätzliche Effekte, indem du den Shaker durch Schließen deiner Hand zusätzlich dämpfst.

Kapitel 11:
CAJINTO GROOVES

Kapitel 11
Cajinto Grooves

Die hier gespielten 11 Grooves habe ich auf dem Booster Setup gespielt (www.schlagwerk.com).

Die Cajinto weist eine zur Hälfte aufgeraute Schlagfläche auf, die sehr gut mit Besen zu bespielen ist.

Das Basscajon ist auf einer Bodenplatte montiert und wird mit einem speziellen Beater angeschlagen. Diese Konstellation stellt wie das Cajon eine phantastische Alternative zum herkömmlichen Drumset dar.

Kapitel 11
Cajinto Grooves

 Tr 1

Bossa Nova

Rechte Hand mit Besen (Cajinto)

Linke Hand mit Rod (Cajinto)

Bass-Cajon + Hi-Hat getreten

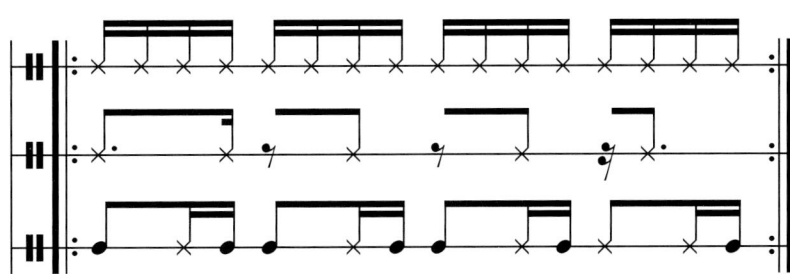

Im Soundbeispiel wird die Besenfigur der rechten Hand zunächst gewischt, im zweiten Beispiel geschlagen.

Samba
Basisfigur (mit Besen gespielt)

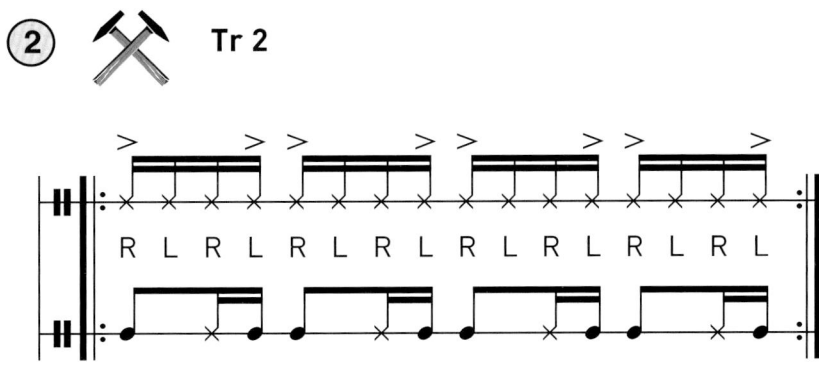

Baiao

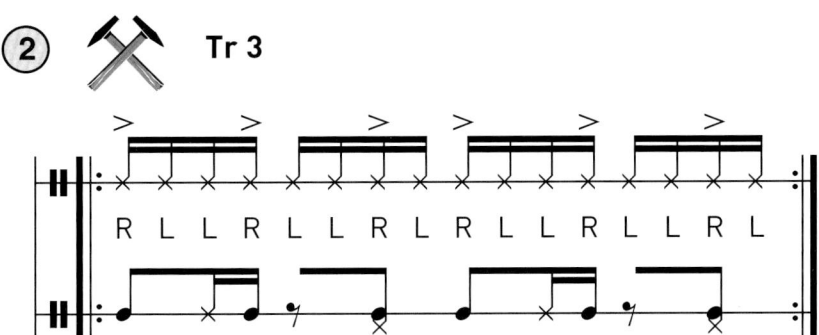

Kapitel 11
Cajinto Grooves

  Tr 4

Cascara, Clave und Tumbao Bass

Beide Hände (Cajinto)

Hi-Hat
+
Bass-Cajon getreten

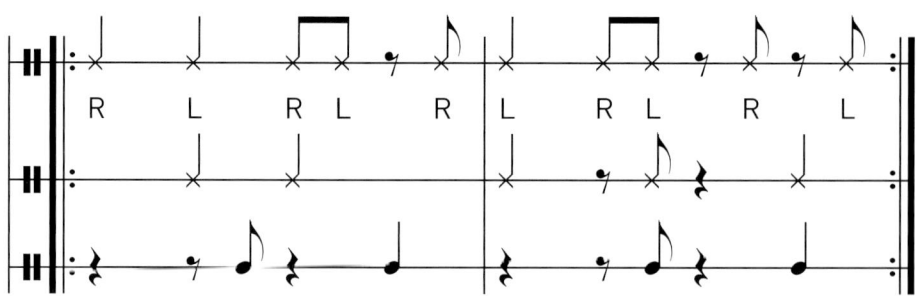

Beide Hände spielen im (RLRL) Handsatz die Cascarafigur.

Die Hi-Hat (linker Fuß) ein 2–3 Son Clave dazu.

Das Bass-Cajon (rechter Fuß) spielt den Tumbao-Bass.

Swing

 Tr 5

Rechte Hand (Cajinto)

Linke Hand (Cajinto)

Hi-Hat getreten

Bass-Drum
Leise mit aufgelegtem Fuß
(Heel Down)

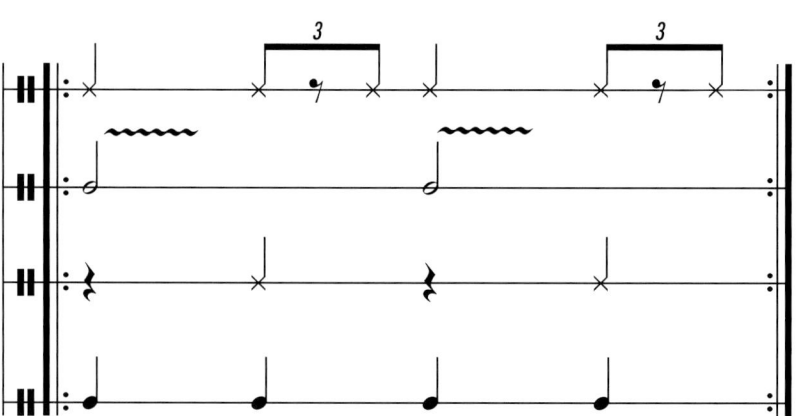

Die rechte Hand spielt die Swing-Figur, die Linke wischt (Besen) kreisförmig ohne Akzente, die Hi-Hat tritt die 2 und 4.

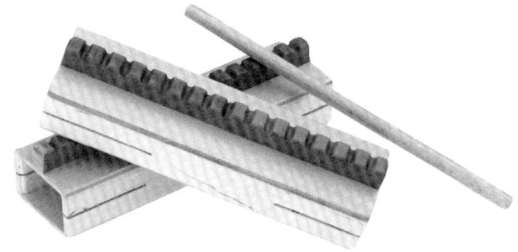

Kapitel 11
Cajinto Grooves

 Tr 6–7

Hip Hop
Basisfigur

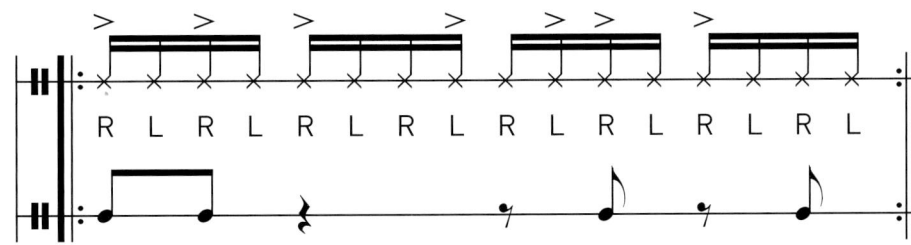

New Orleans
Basisfigur

Tr 8

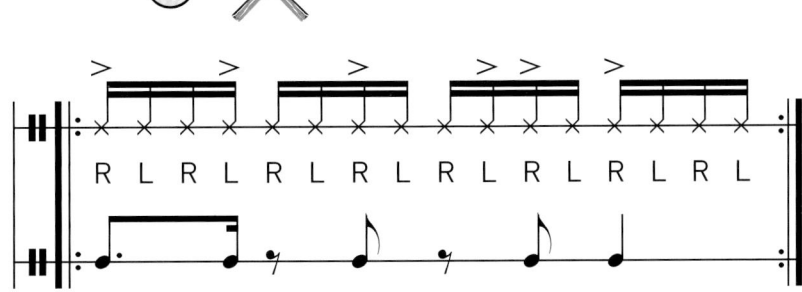

Denke bei Hip Hop und New Orleans stets an eine sehr swingende Spielweise der Sechzehntel, ähnlich dem Shuffle.

Shuffle Up-Time
Basisfigur

Tr 9

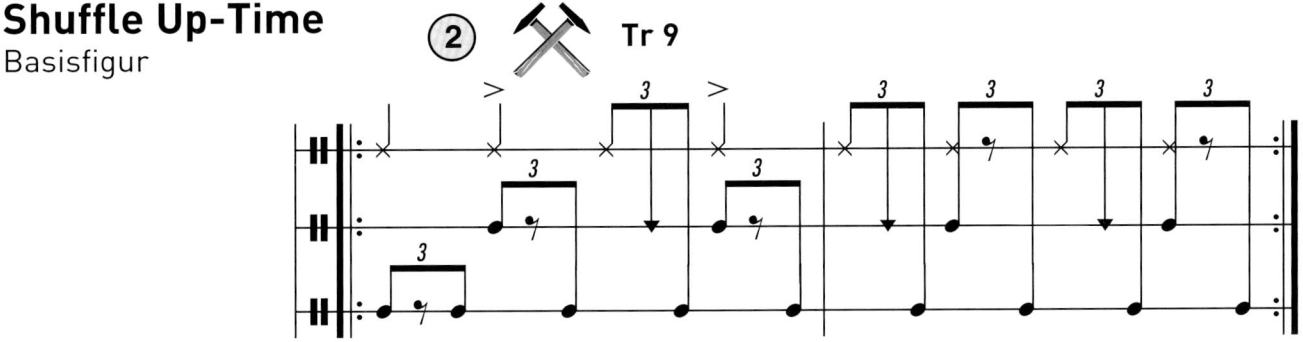

Kapitel 11
Cajinto Grooves

 Tr 10

Pop

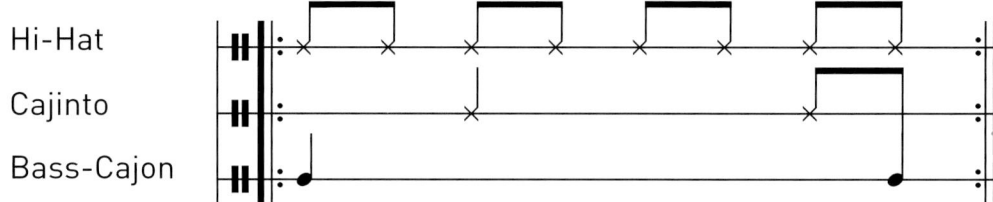

Songo

Tr 11

Soca

Tr 12

+ = HiHat geschlossen
o = Hi-Hat geöffnet

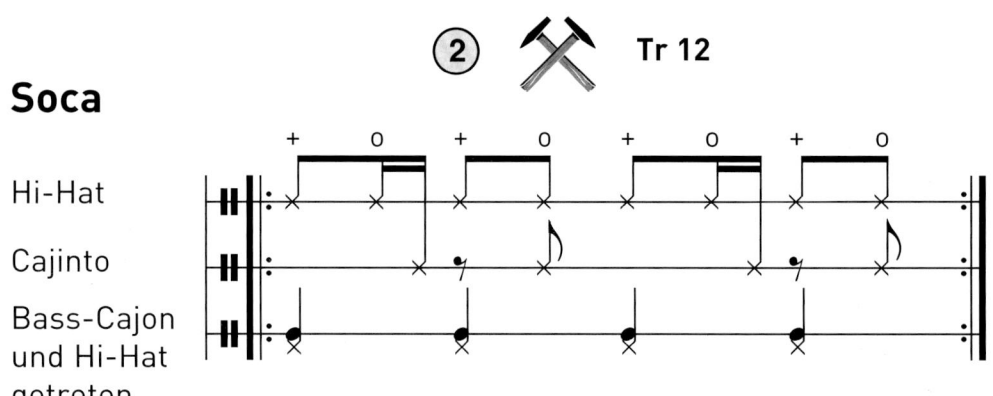

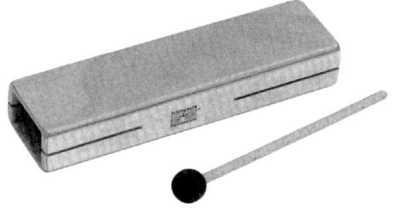

STILISTIKEN-STYLES

African Shuffle

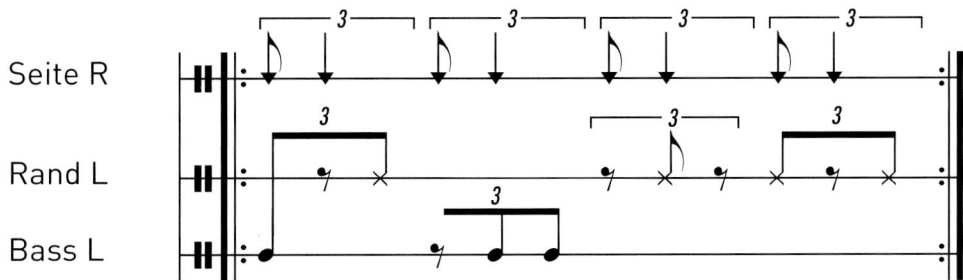

African Shuffle: eine rhythmische Figur aus der afrikanischen Musik; wie beim bekannten Shuffle denkst du in Dreiergruppen (Triolen), lässt aber die letzte der drei Achtel weg (beim normalen Shuffle ist es die zweite Achtel). Auf diese Weise entsteht ein treibend swingender Puls, der nie statisch wirkt.

Alea Six

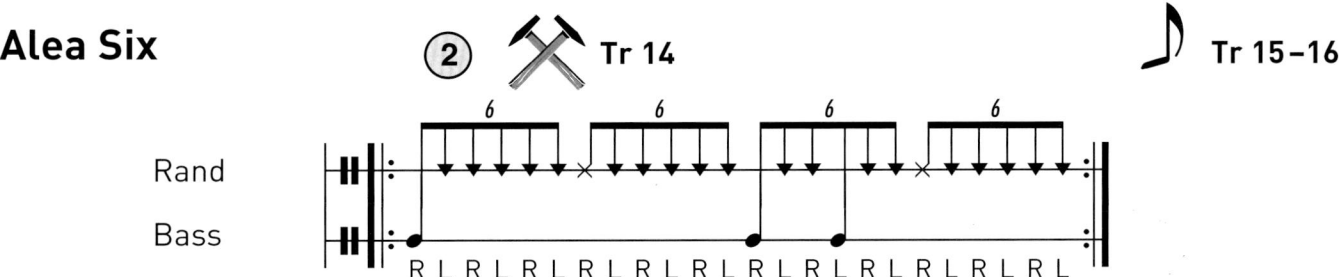

Alea Six:
Ein 6/8-Rhythmus, den ich bei einem Stück der Band ALEA gespielt habe. Er enthält Elemente des Compas (Flamenco) und wirkt durch die R-L Schlagfolge sehr leicht und tänzerisch.

Blues

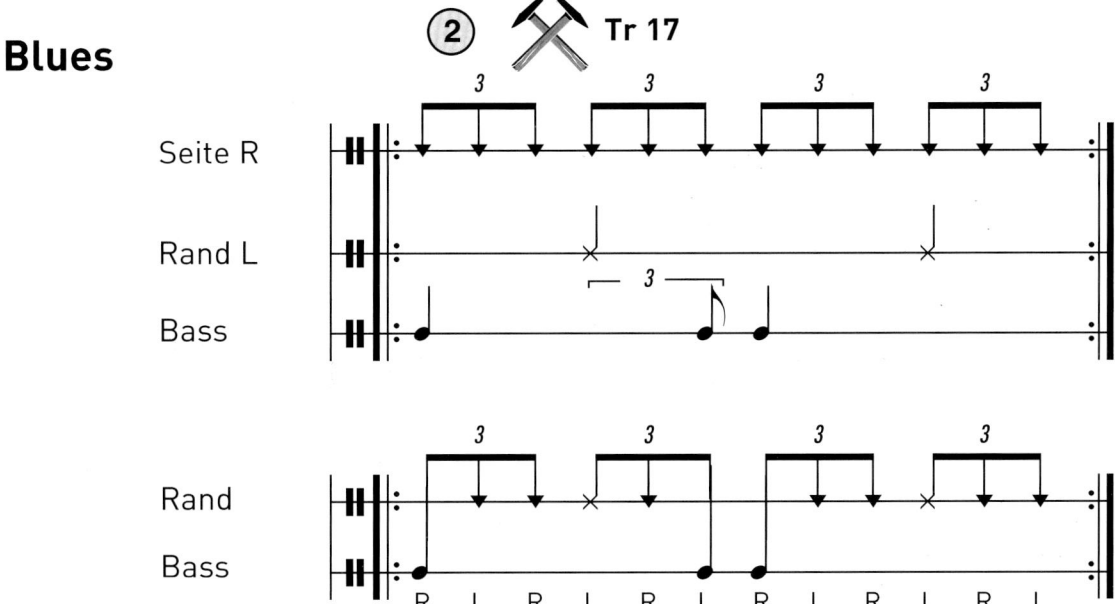

Blues:
Diese prägnante Musikform entstand Ende des 19. und Anfang des 20. Jahrhunderts in der afroamerikanischen Bevölkerung der Südstaaten der USA. Diese Stilistik war maßgebend an der Entwicklung des Jazz, Rock, Soul und auch des Hip Hop beteiligt. Sie drückt oft ein schwermütiges, trauriges Lebensgefühl aus.

STILISTIKEN-STYLES

Samba

Samba: ursprünglich ein Tanz, der von afrikanischen Sklaven in Ihre neue Heimat Brasilien gebracht wurde. Heute der wahrscheinlich populärste Rhythmus des Latin; höre Platten brasilianischer Künster (Gilberto Gil, Milton Nascimento, Djavan, Baden Powell, Joao Gilberto, Luiz Bonfa, Antonio Carlos Jobim, Sergio Mendez), um ein Gefühl für diese Stilistik zu bekommen.

STILISTIKEN-STYLES

Tr 21

Tr 22–23

Partido Alto

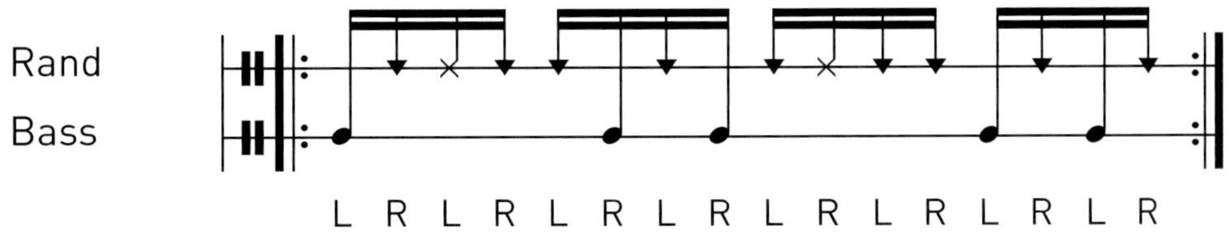

Partido Alto: Eine der Clave entsprechende rhythmische Figur. Wie die Clave in der afrocubanischen Musik dient der Partido Alto der brasilianischen Musik als eine Art „Schlüssel", die genau festgelegte Struktur wird oft in Variationen des Samba verwandt.

Bossa Nova

Vorübungen

Tr 24

Tr 25–26

1

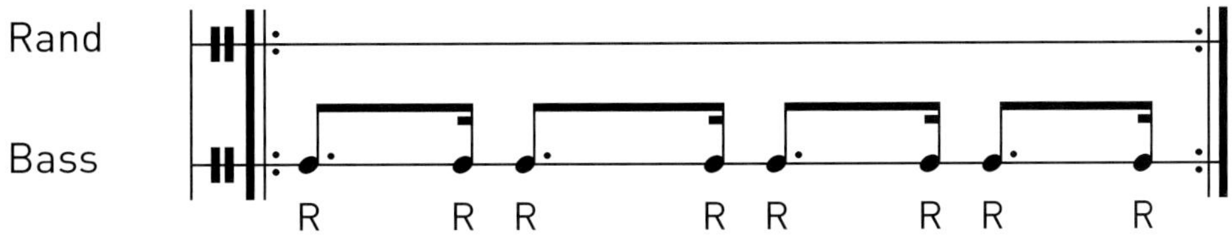

2

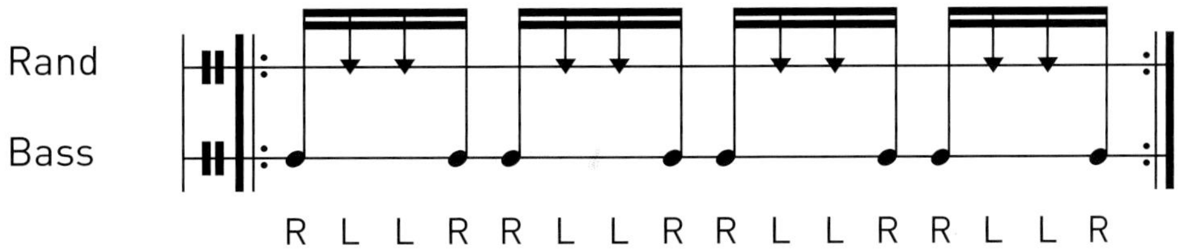

3

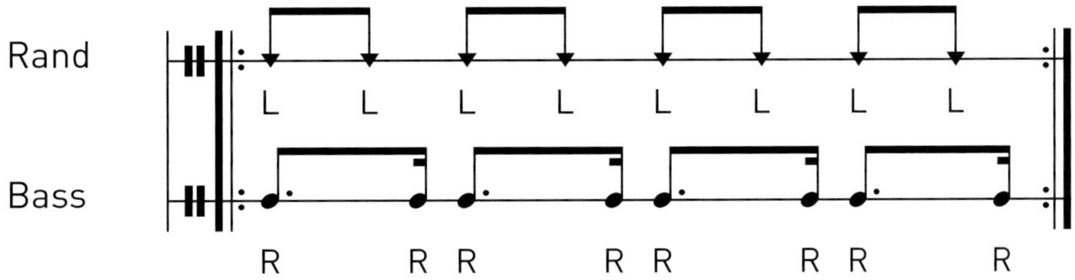

Bossa Nova

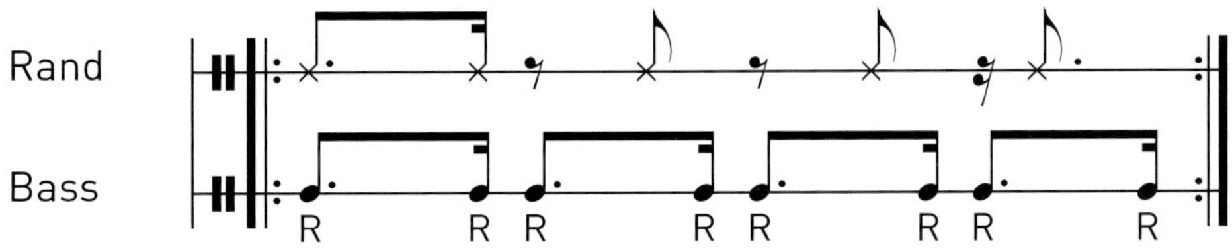

Bossa Nova: „Neue Welle", eine dem Samba entsprungene Musikform in den 50er und 60er Jahren; sehr langsam und sparsam instrumentiert ist er einer der bekanntesten und meist gebrauchten Rhythmen im Jazz-, Pop- und Latinbereich.

STILISTIKEN-STYLES

Hip Hop

 Tr 27  Tr 28

Hip Hop: entstammt dem Soul und Funk. Eine in den 70er Jahren aufgekommene Musikform die besonders in New York entstand und einhergeht mit Sprechgesang (Rap) und Scratching. Spiele diese Rhythmen tänzerisch leicht und swingend, achte aber auf laute und schwere Akzente.

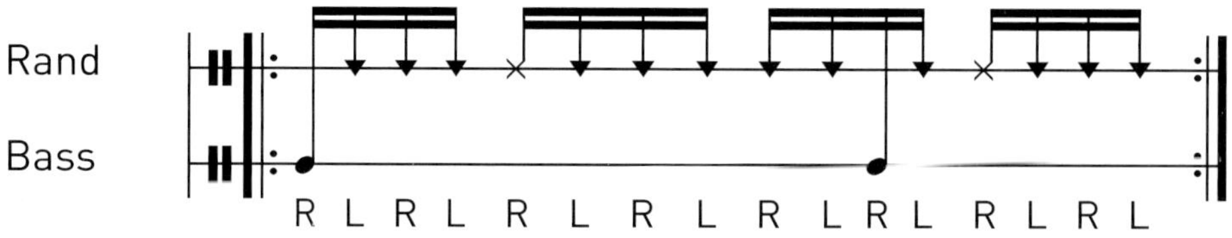

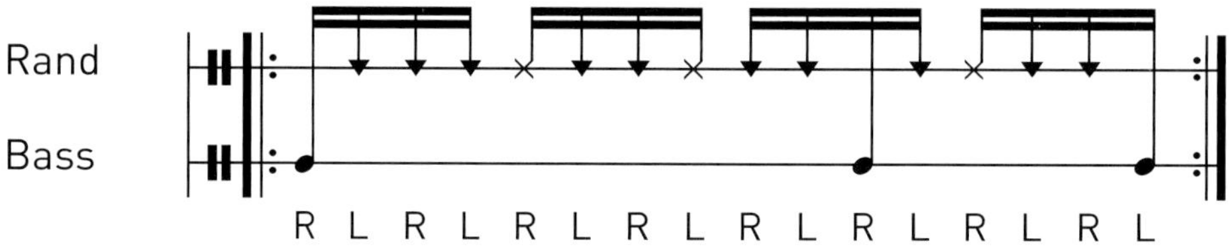

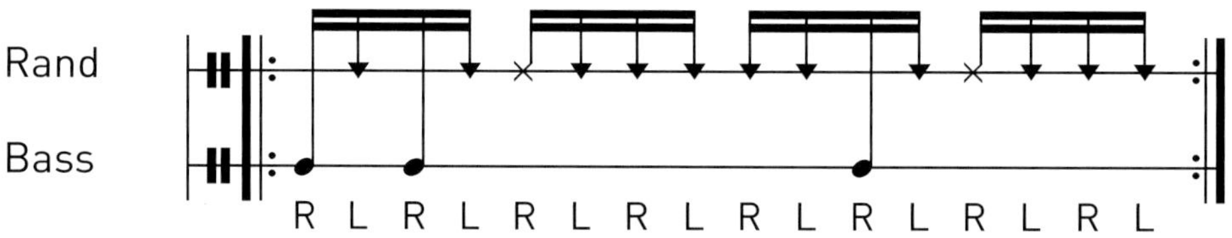

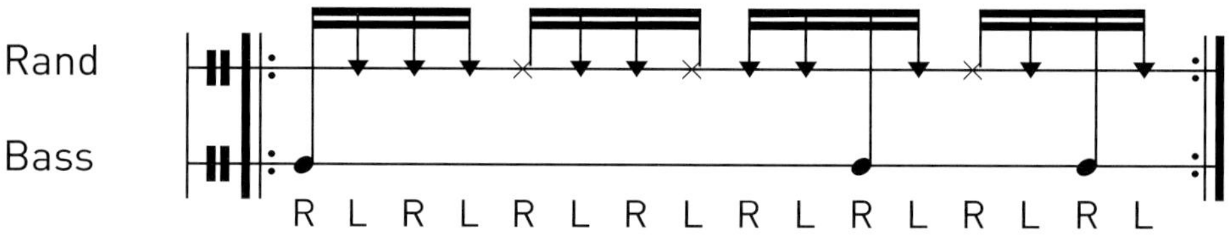

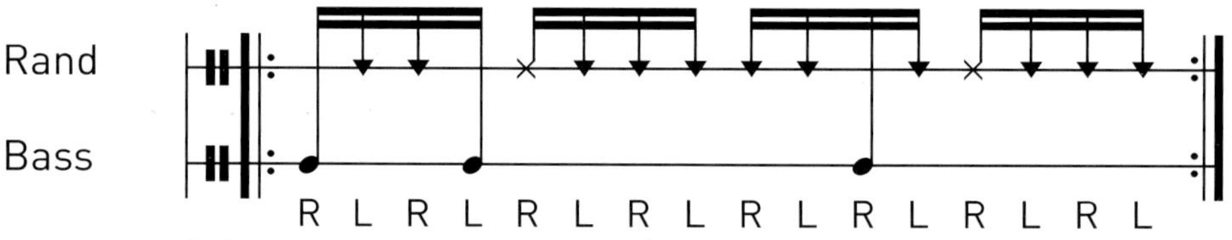

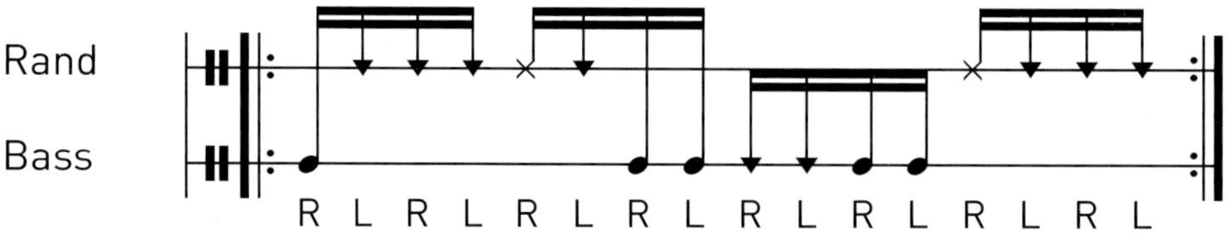

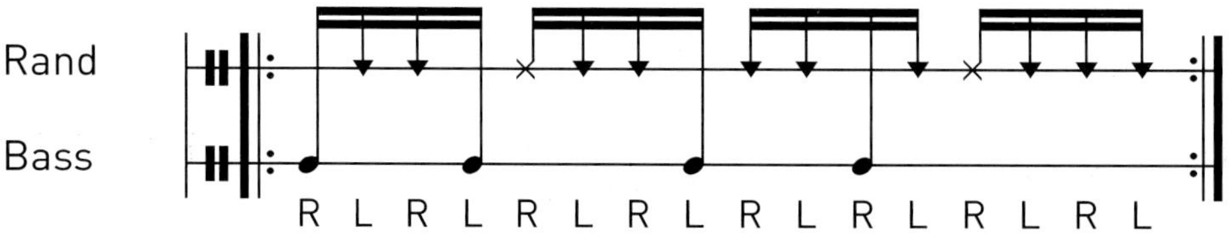

STILISTIKEN-STYLES

Hip Hop

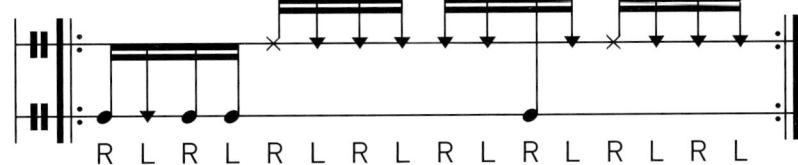

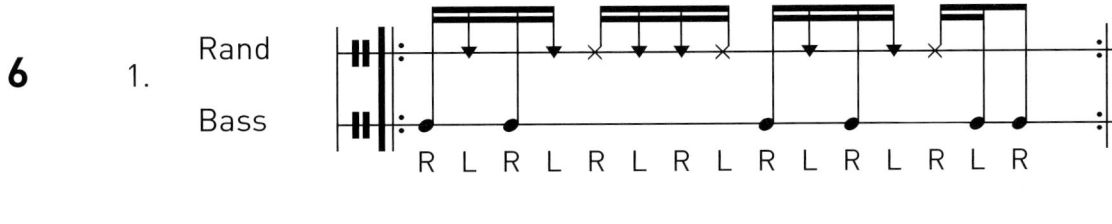

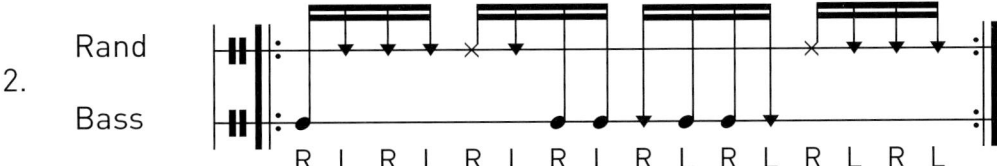

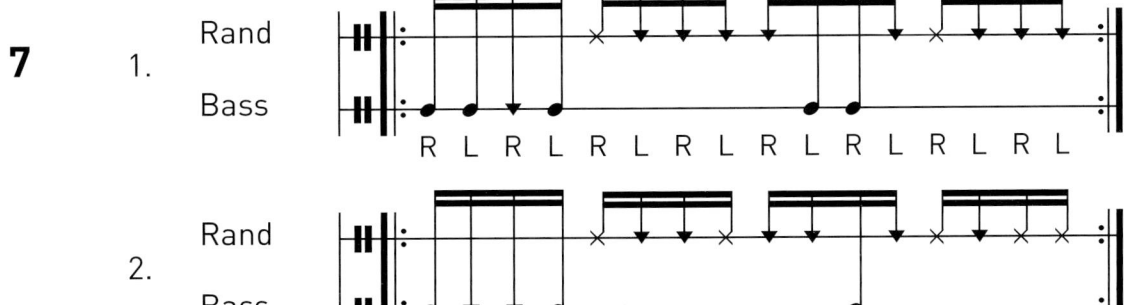

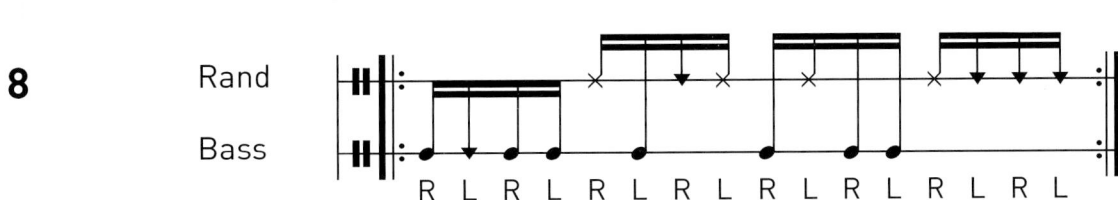

STILISTIKEN-STYLES

 Tr 29 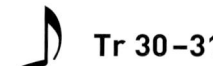 Tr 30-31

New Orleans

New Orleans: ist der Vorläufer des Jazz. In der gleichnamigen Stadt und Region entstandene lebensfrohe Musik, die von Ihrem Swingfeel lebt und zunächst in kleiner Besetzung zu festlichen Anlässen gespielt wurde. Dabei marschierte die Band in zweiter Reihe (daher oft auch Second Line Music) hinter dem Hochzeitspaar oder auch dem Sarg bei einer Beerdigung.

Vorübung

1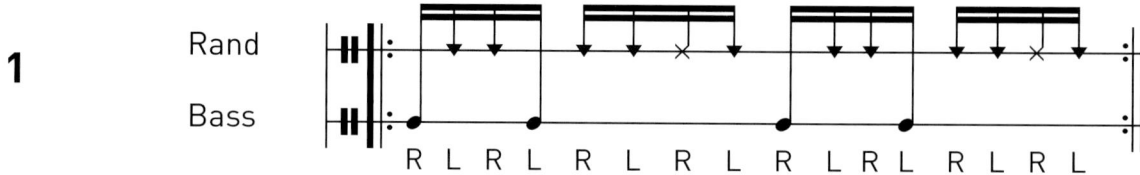

2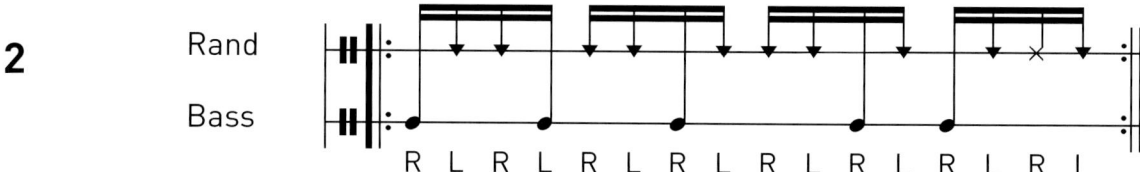

3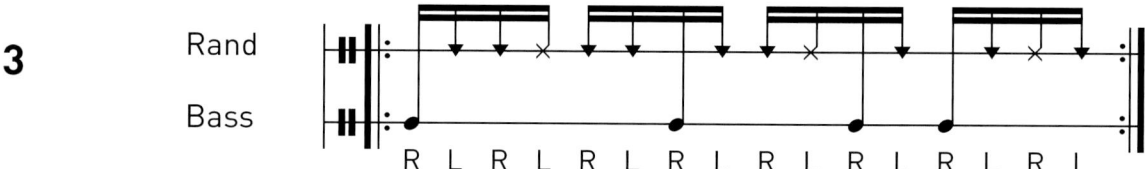

4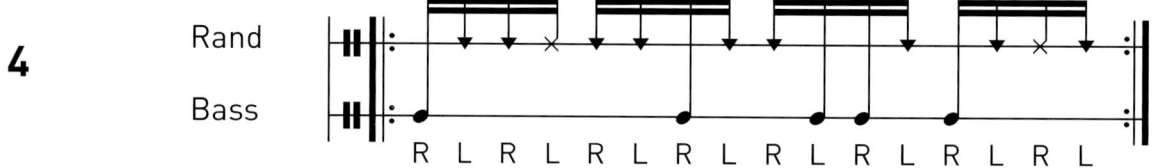

5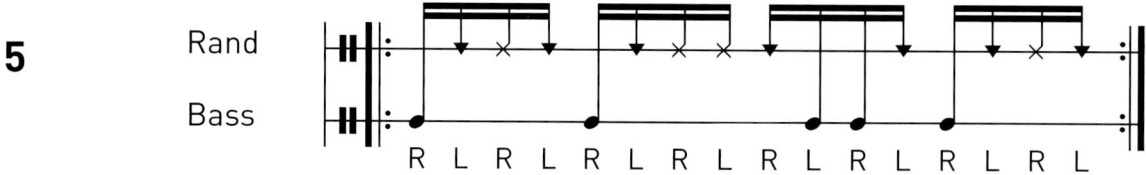

STILISTIKEN-STYLES

New Orleans

6

7

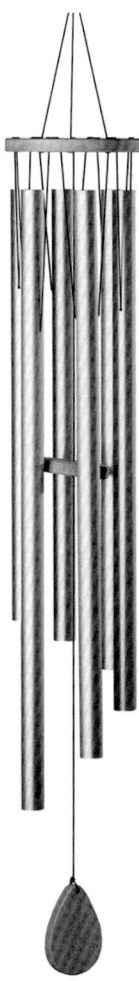

STILISTIKEN-STYLES

Country

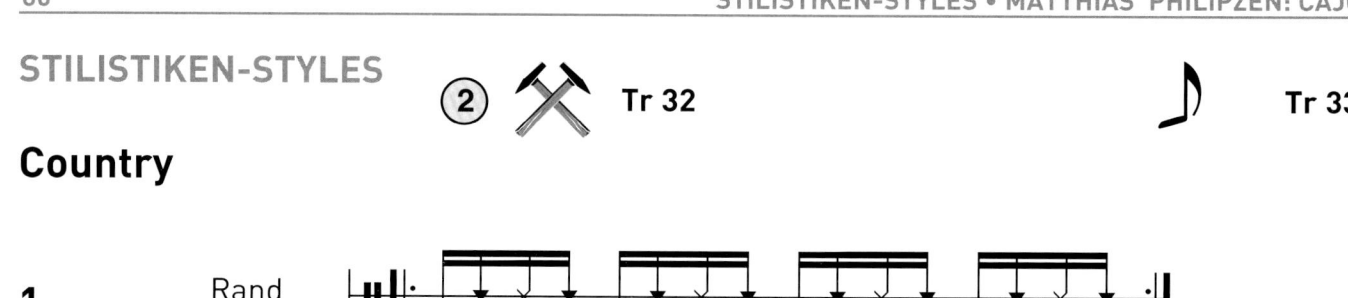

Chicken Picking

Country: entstand Anfang des 20. Jahrhunderts in den USA aus der Musik der europäischen Zuwanderer, besonders der Engländer und Iren. Johnny Cash, Hank Williams aber auch Garth Brooks u.v.a. haben es verstanden, dieser einfachen Musikform durch Hinzufügen von Rock- und Pop-Elementen bis heute zu internationaler Aktualität zu verhelfen. Spiele diese Rhythmen leicht und swingig, ursprünglich entstammt das Rhythmuspattern der Gitarre.

Rumba de Flamenco

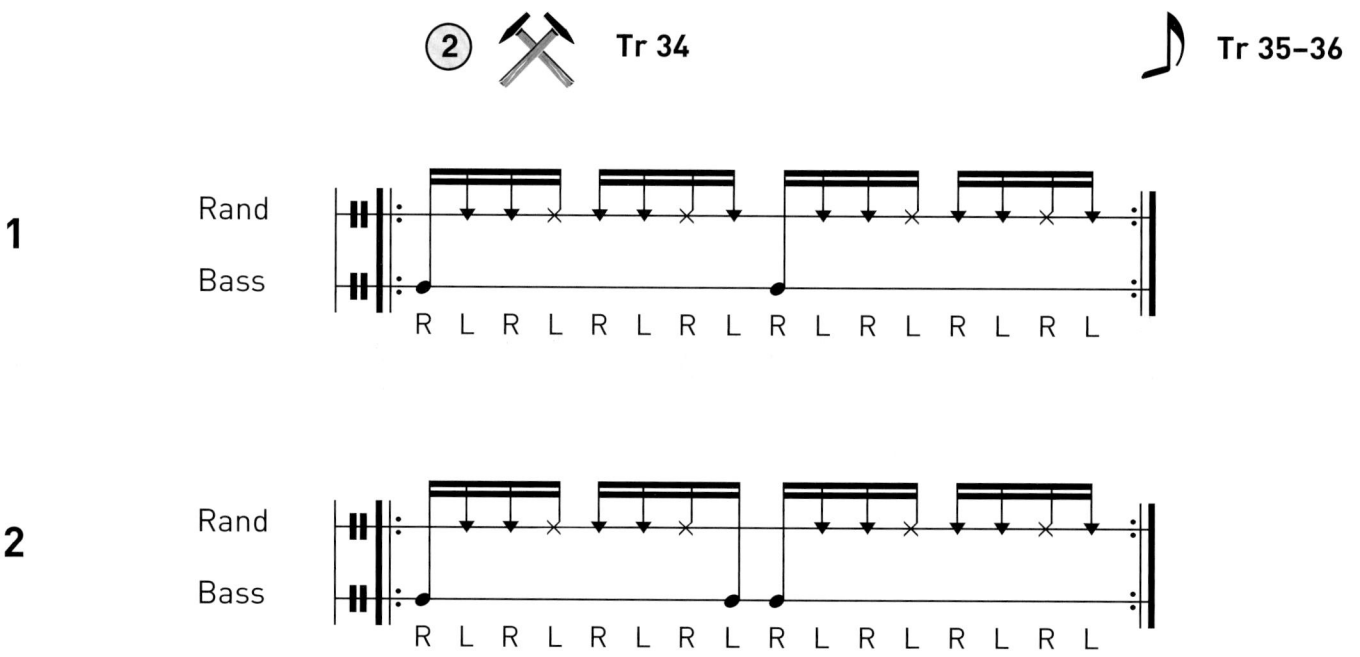

Rumba de Flamenco: eine Musikform des Flamenco. Bekannt geworden in den 80er Jahren durch Bands wie die Gipsy Kings und später auch Chico and the Gipsys. Ein treibender 4/4-Rhythmus, bei dem du auf klare Akzente, aber auch fließende leise Schläge achten solltest. Wie in der Musik des Flamenco ist Temperament, das tänzerische Element aber auch die Energie ausschlaggebend.

STILISTIKEN-STYLES

Martillo

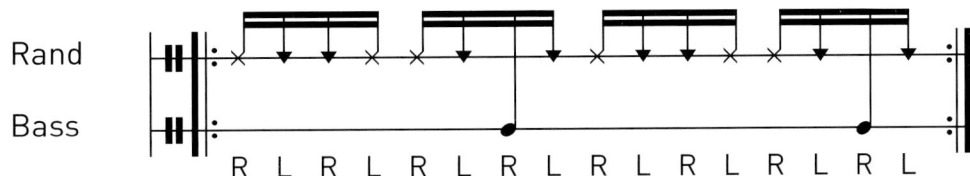

Martillo: der Hammer, ein afrokubanischer Rhythmus der auf Bongos gespielt wird und oft als Basispattern dient. Ich habe Ihn auf das Cajon übertragen, achte auf laute knallige Slaps am Rand. Zudem kannst du den Martillo auch peruanisch, also nur mit den Fingerspitzen phrasieren.

Compas

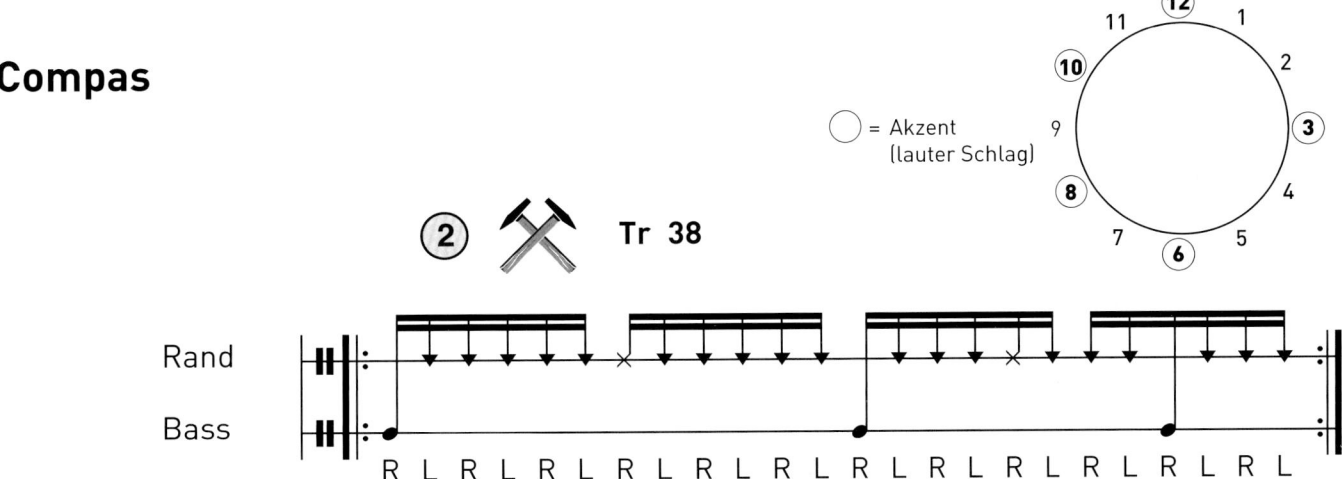

Compas: bezeichnet einen Kreislauf, beginnend mit der Zählzeit 12 spielst du wie bei einer Uhr alle Ziffern bis du wieder bei der 12 ankommst. Wir würden es als 12/8 Rhythmus notieren, die Flamencomusic nutzt seit vielen Jahren dieses Bild des Kreislaufs (Scheibe) um den immer wiederkehrenden Puls zu verdeutlichen. Beginne zunächst damit die oben dargestellt Uhr zu klatschen. Die eingekreisten Zahlen werden laut geklatscht, zähle laut, beginne bei ⑫.

Buleria

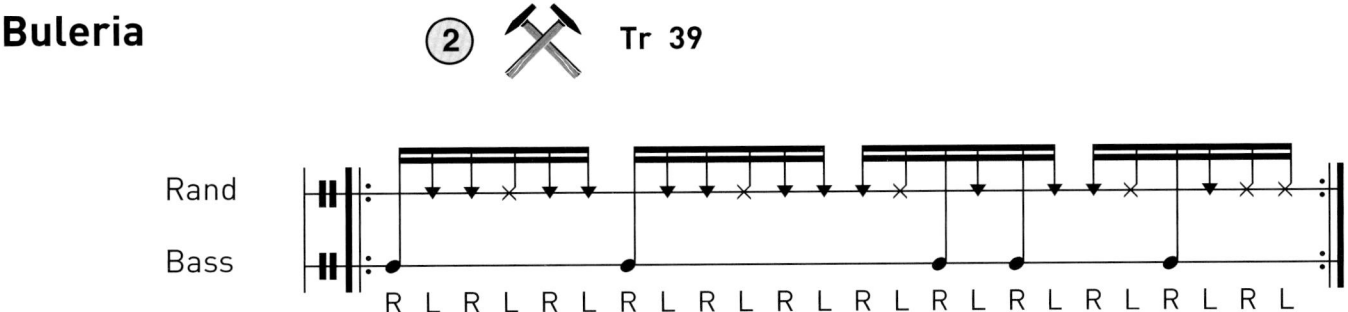

Buleria: basierend auf der „Flamencouhr" ist es ein Tanz der frech und schwungvoll ausgeführt wird. Achte auf die zusätzlichen Akzente, beginne stets langsam und zähle laut.

STILISTIKEN-STYLES

Baiao

 Tr 40    Tr 41–42

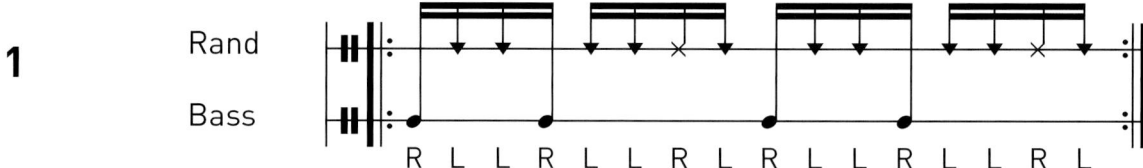

1

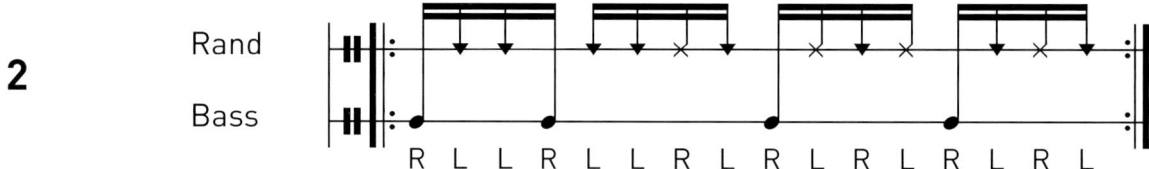

2

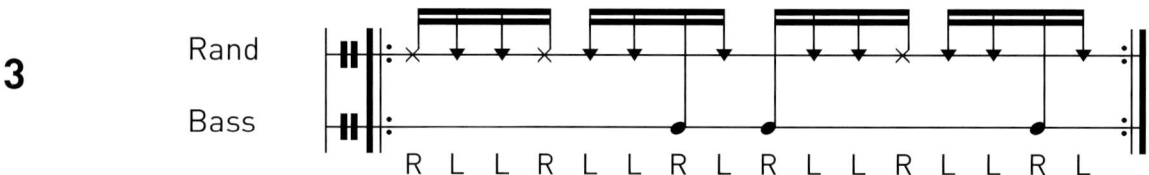

3

Baiao: ein brasilianischer Tanz und zugleich einer der bedeutensten Rhythmen des Landes. Entstanden um 1840 in Bahia ist er fast so populär wie der Samba.

Merengue

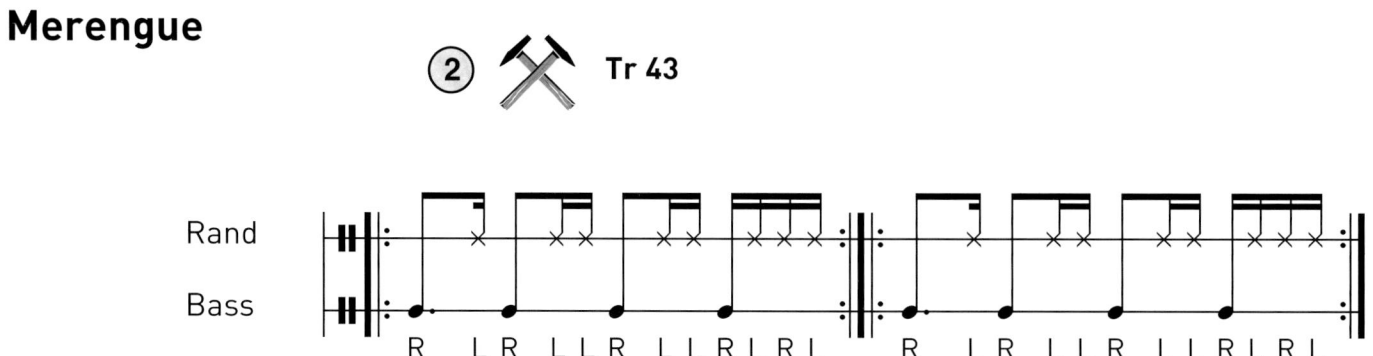

Merengue: eine südamerikanische Musikrichtung die in Haiti, Puerto Rico und der Dominikanischen Republik beheimatet ist. Der Rhythmus wird schnell und treibend gespielt (120-180 B.p.M) und hat durch die elektronische Musik und seine Vermischung mit Hip Hop, House und Techno einen immer noch grossen Einfluss auf die Musik der heutigen Zeit.

STILISTIKEN-STYLES
Reggae

 Tr 44　　 Tr 45–46

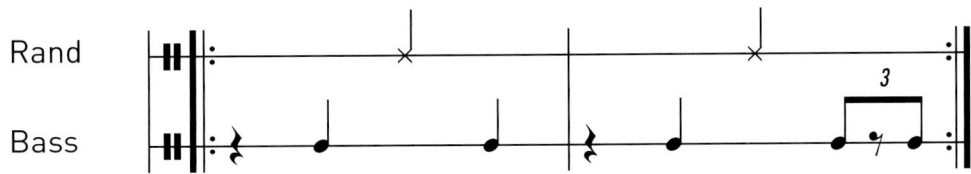

Reggae: entstand Anfang der 60er Jahre aus den verschiedensten Stilrichtungen wie R & B, Soul, Jazz und Country. Der in Jamaika lebende Musiker Bob Marley machte diese Musikform weltweit bekannt. Ich habe zwei Basisrhythmen notiert. Der erste Reggae Rhythmus ist minimalistisch und sparsam, er begleitet meist die Strophe, im Refrain kannst du die sogenannten Stepper Grooves einsetzen. Die durchlaufende Viertelbassfigur gibt dem Groove ein sehr tänzerisches Element.

Reggae

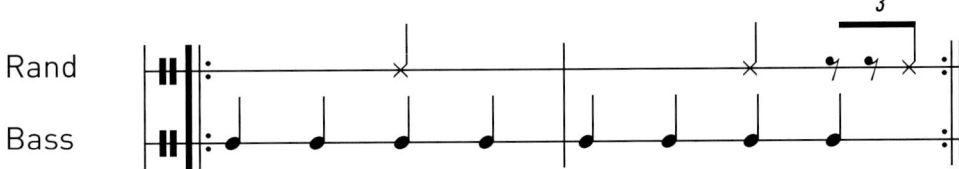

Reggae »Steppers« Variation

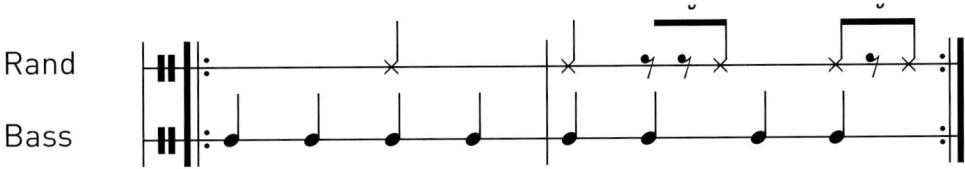

Soca

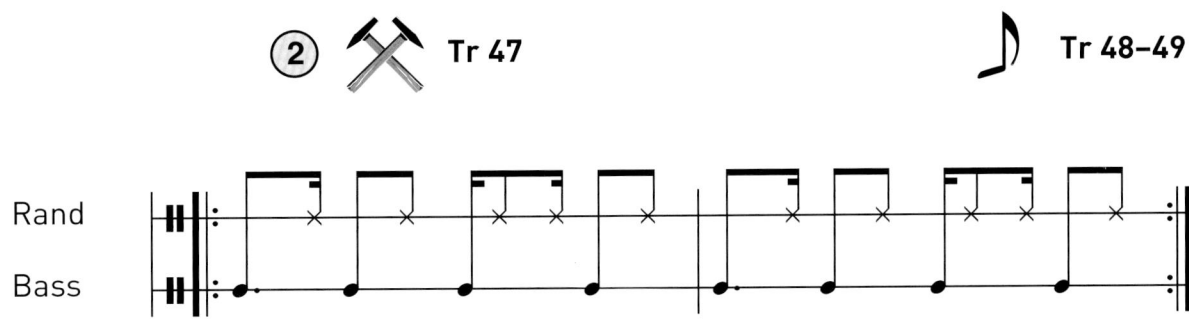

Soca: ist eine Musik der karibischen Inseln. Anfang der 70er Jahre verknüpfte man den Calypso mit indischen Rhythmen und daher stammt der Name SOCA = Soul of Calypso.
Dieser Groove wird ebenfalls schnell gespielt und bei Karnevalfesten der Karibik besonders häufig eingesetzt.

STILISTIKEN-STYLES
Salsa
Cascara

Rechte Hand

Clave (2-3)

Linke Hand

Anwendung

Rand (oder Seite) R

Rand L

Bass

1

Cascara

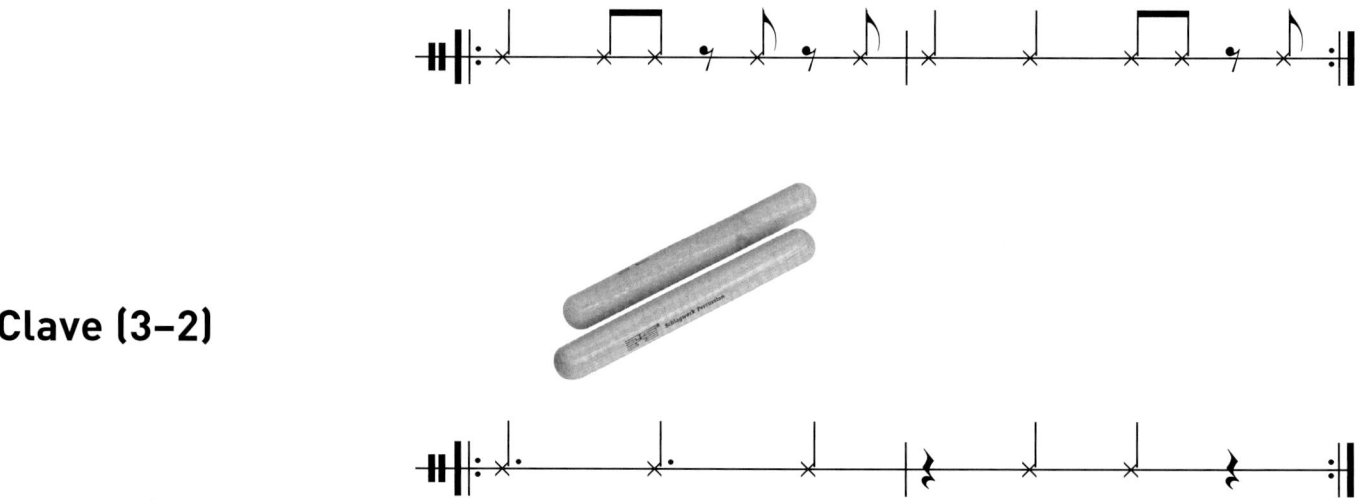

Clave (3-2)

Salsa: Eine Musikform die in den frühen 60er Jahren entstand. Pionier dieser Latinstilistik war der Pianist von Tito Puente, Eddie Palmieri. Er reduzierte das bis dahin grosse Latinorchester auf eine kleine Besetzung mit Piano, Congas, Bongos, Gesang und der Posaune als einzigem Blasinstrument. Zudem arbeitete er in seinen Kompositionen mit Elementen des Jazz und der Improvisation. Salsa ist heute eine sehr beliebte Tanzform.

Die Cascara ist eine Figur die ursprünglich am Kessel von Timbales geschlagen wurde, sie ist mit der Clave (Schlüssel) verbunden und in den darauffolgenden Figuren dargestellt. Ich habe mich auf die zwei Varianten der Son Clave beschränkt.

STILISTIKEN-STYLES

Anwendung

2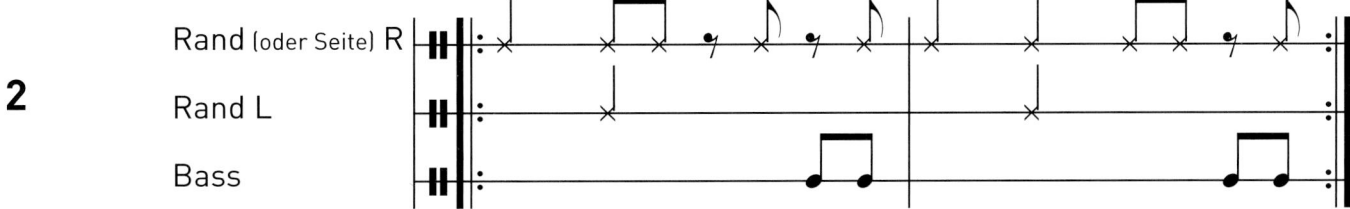
Rand (oder Seite) R
Rand L
Bass

Cascara im R-L Sticking

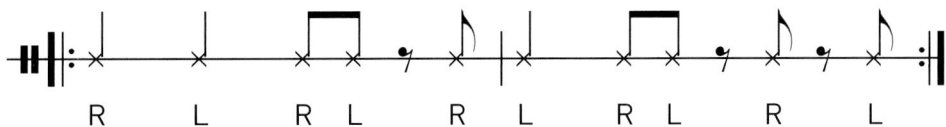
R L R L R L R L R L

Anwendung

3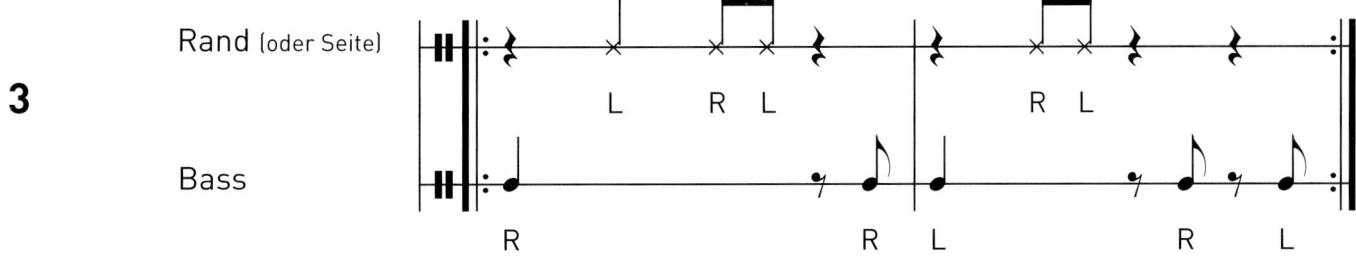
Rand (oder Seite)
L R L R L
Bass
R R L R L

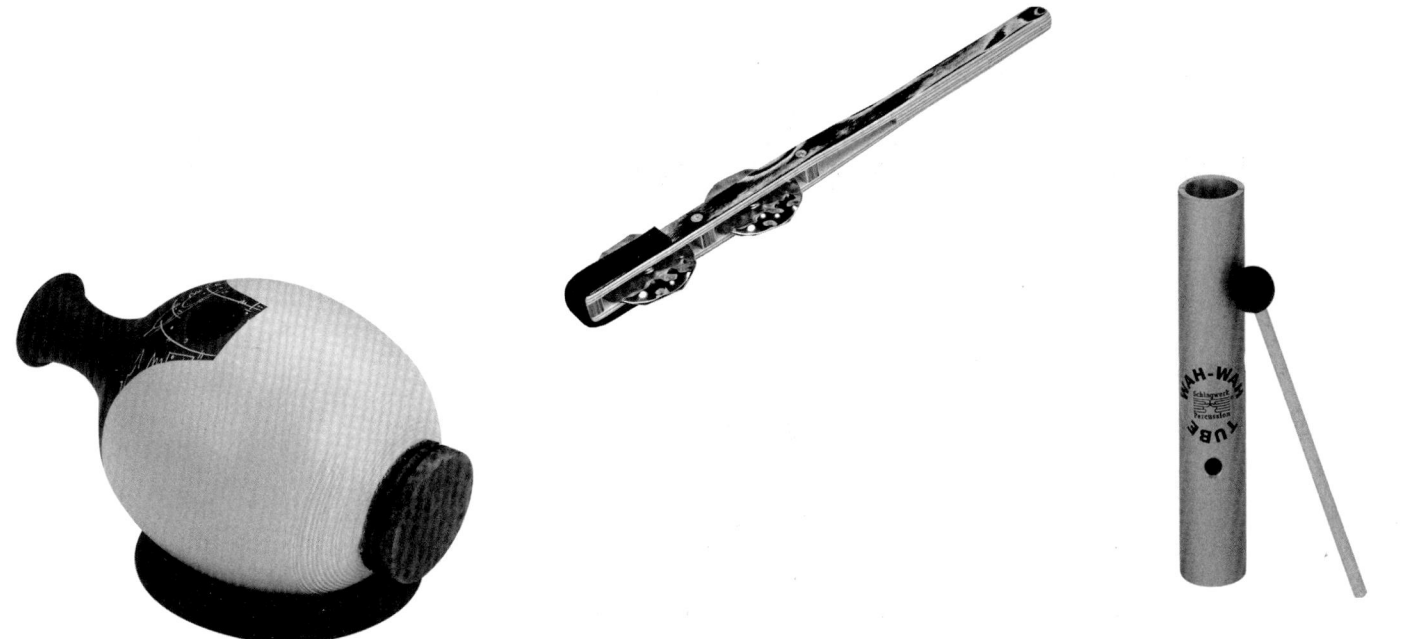

STILISTIKEN-STYLES

Techno

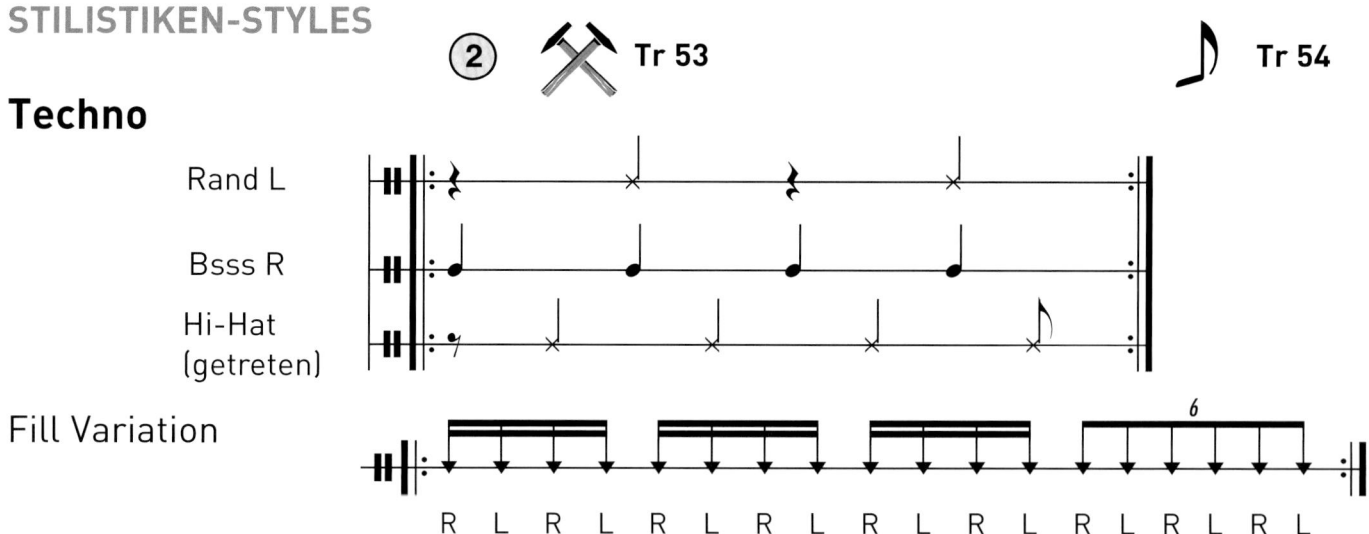

Techno: Ende der 80er Jahre aufgekommene synthetisch produzierte Tanzmusik, deren Ziel es war, die Maschine als neue Klangquelle zu nutzen. Klänge und Geräusche aus der Industrie wurden aneinandergereiht und mit einem schweren 4/4-Puls der Bassdrum sowie minimalistischen Akkord- und Melodiestrukturen gemischt. Diese Stilistik hat sich über die Jahre weiterentwickelt und verschiedene Unterformen wie Jungle, Drum'n Bass und House gebildet.

Jungle

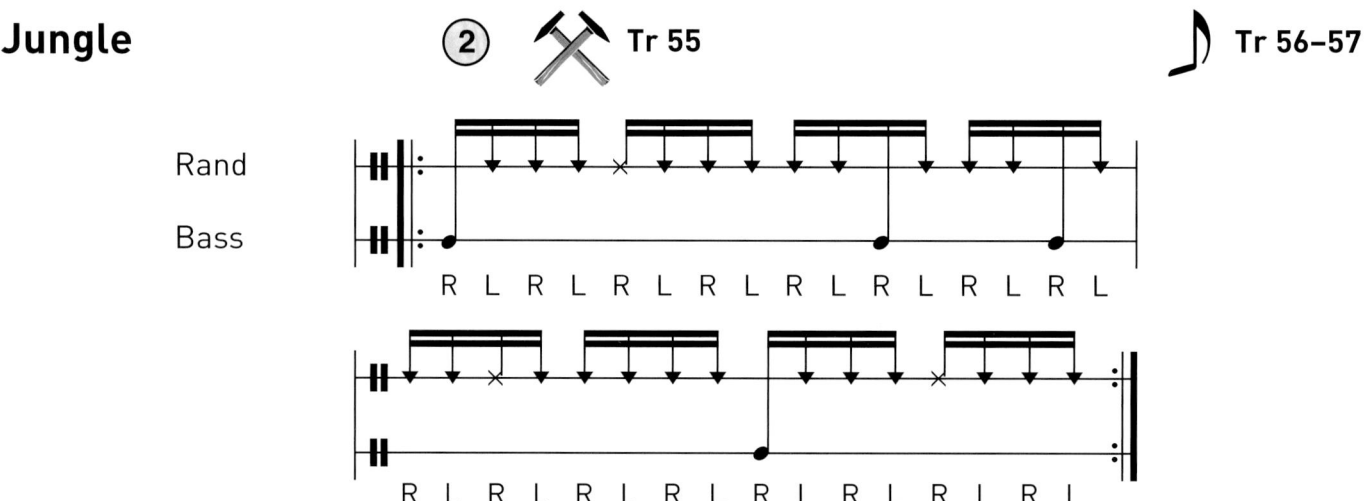

Jungle: Anfang der 90er Jahre in England entwickelte Musik, deren Geschwindigkeit 170 B.p.M beträgt und die aus Elementen des Funk und Techno besteht. Sparsame Beats werden oft durch sogenannte Breakbeats angereichert (synkopierte Rhythmusfragmente). Es ist wie auch bei Drum and Bass für uns eine grosse Herausforderung, diese schnellen elektronischen Grooves auf das Instrument zu übertragen.

Drum 'n Bass

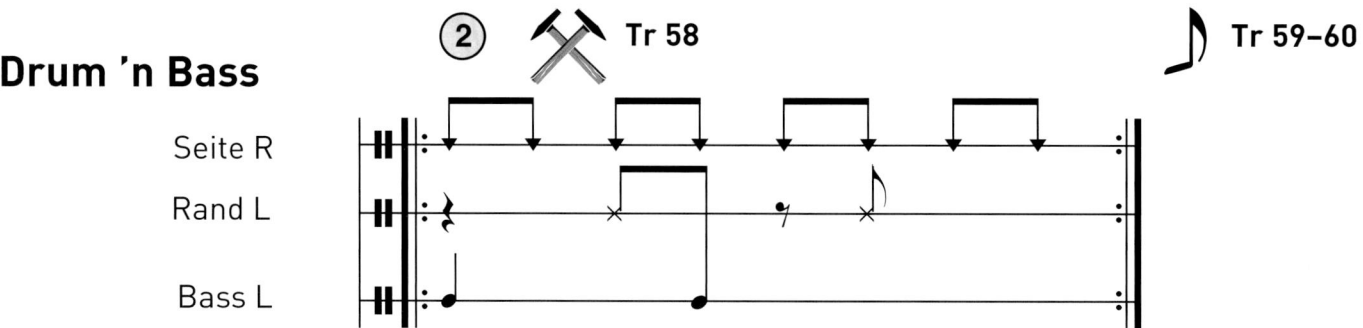

Drum and Bass: aus dem Jungle hervorgegangene Stilistik, die noch schneller (bis 190 B.p.M.) gespielt wird und somit der immer schneller werdenden Tanzmusik der heutigen Zeit gerecht wird. Im Vergleich zum Jungle sind die Grooves noch einfacher gestaltet, der Zuhörer bekommt durch das hohe Tempo und die halb so schnell gespielten Basslinien das Gefühl einer ständigen Reibung, was genau den Reiz dieser Musik charakterisiert.

STILISTIKEN-STYLES

Ungerade Rhythmen
Odd Meter

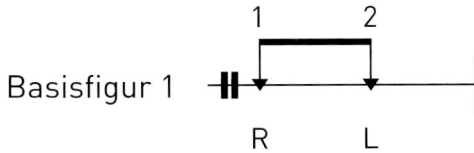

Basisfigur 1

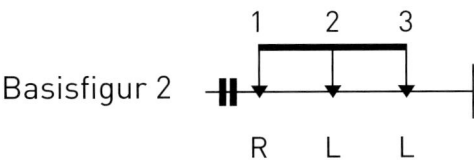

Basisfigur 2

Ungerade Metren (Odd Meter): uns Westeuropäern fällt es nicht leicht, außer den gebräuchlichen Metren 4/4, 3/4 oder 6/8 andere sogenannte ungerade Metren an unser Ohr zu lassen. Wir sind es einfach nicht gewohnt, daher habe ich versucht dir das Zählen und somit auch das Erfassen dieser Rhythmen etwas leichter zu machen. Du kannst mit Gruppen aus zwei und drei Schlägen jeden nur erdenklichen Rhythmus spielen. Zudem fällt es dir leichter, einen kontinuierlichen „Zählfluss" zu erzeugen. In den folgenden Beispielen sind einige dieser Gruppen und deren Anwendung aufgeführt. Sei kreativ und denke dir eigene Rhythmen auf dieser Basis aus, die Möglichkeiten sind unendlich!

Erste Rhythmen und Kombination der Basisfiguren

Zähle

1 ② Tr 61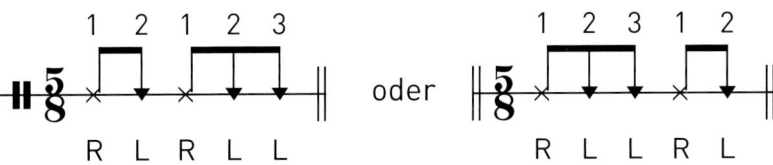

2 ② Tr 62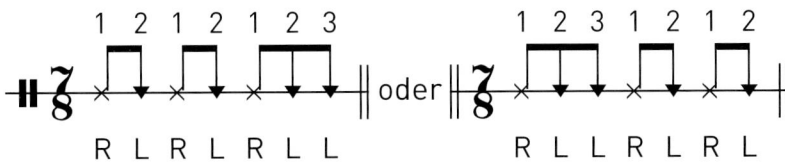

und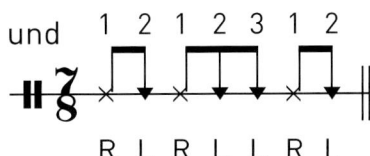

3 ② Tr 63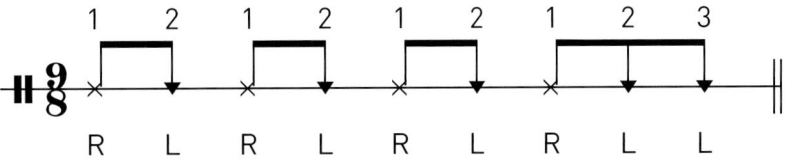

4 ② Tr 64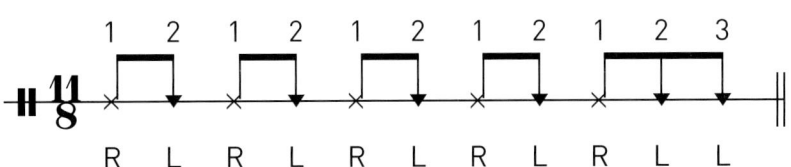

STILISTIKEN-STYLES

Ungerade Rhythmen
Odd Meter

Anwendung der Basisfiguren

1
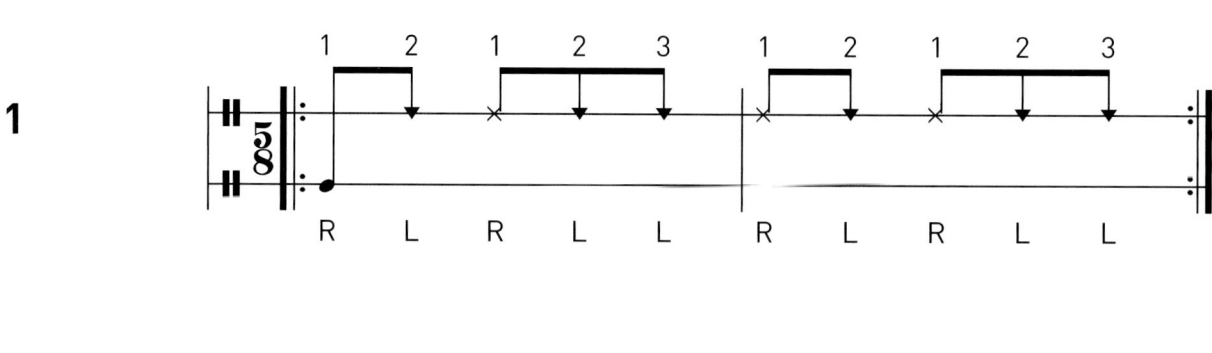

2
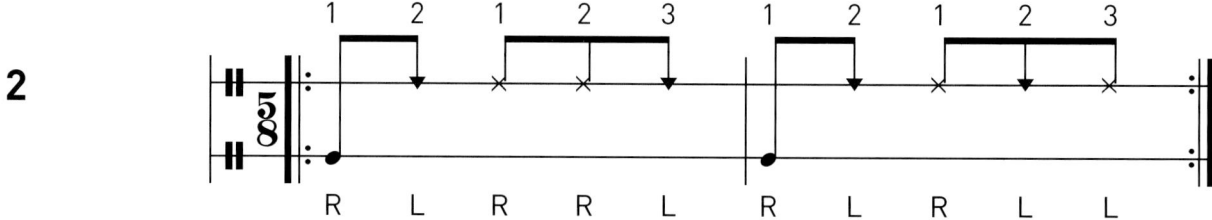

3
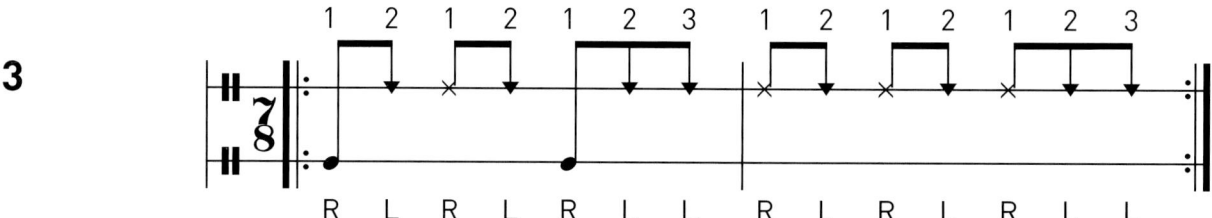

4
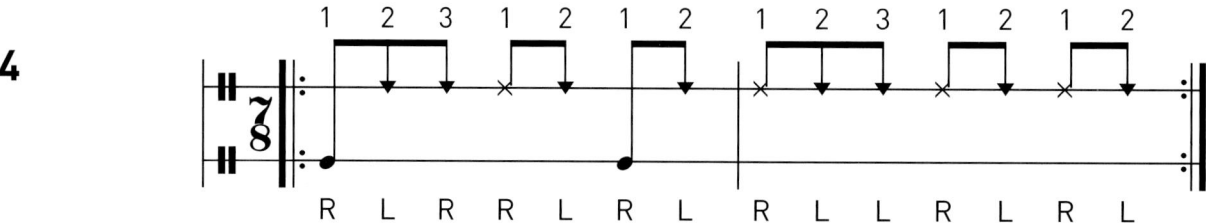

5
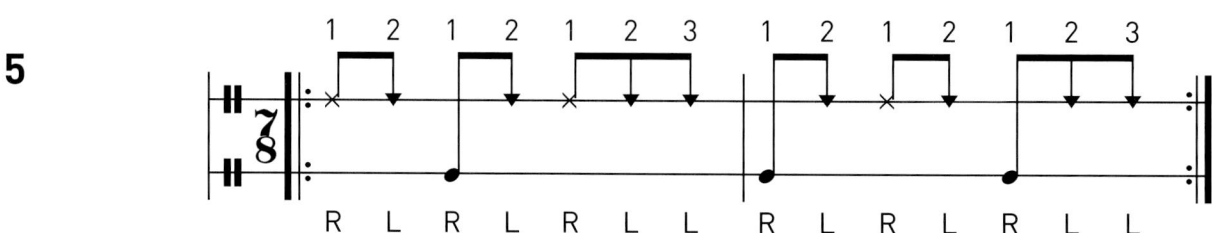

STILISTIKEN-STYLES

Ungerade Rhythmen
Odd Meter

1
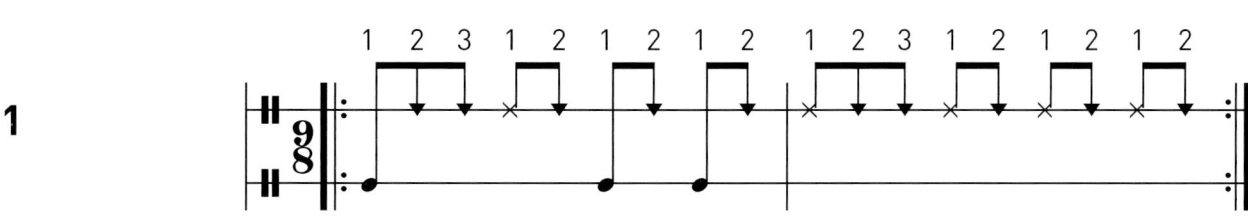

2
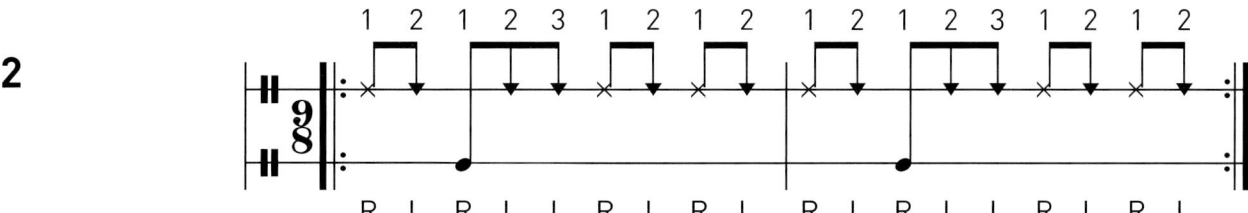

3
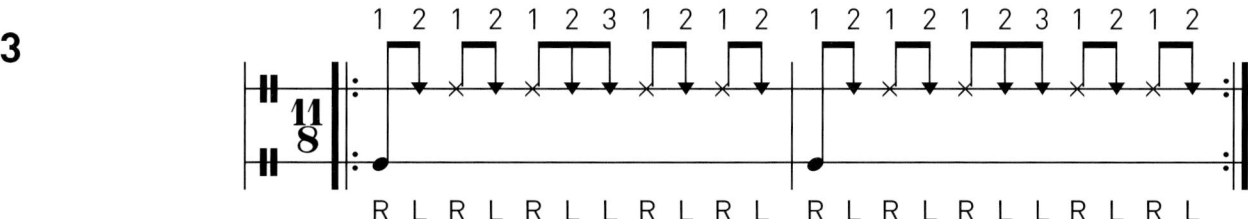

4
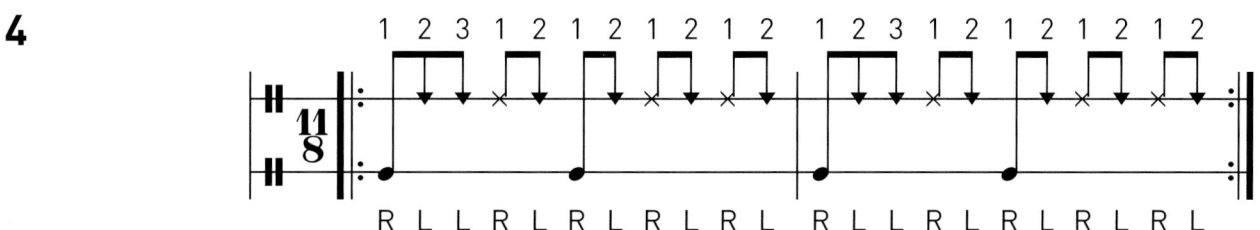

STILISTIKEN-STYLES ② Tr 65   ♪ Tr 66-67

Di Bango Six

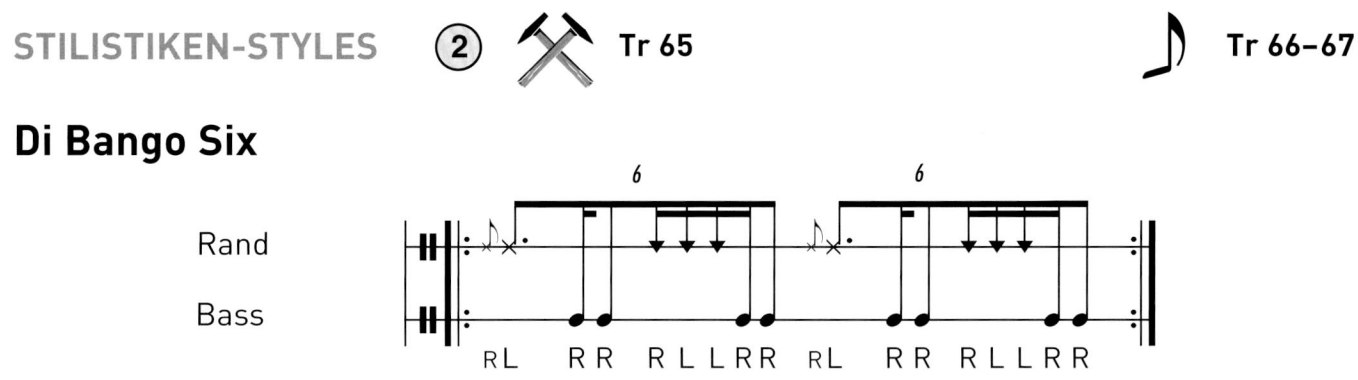

Di Bango Six: die Inspiration für diesen Rhythmus habe ich einer Aufnahme des Saxophonisten Manu Di Bango entnommen. Unschwer lassen sich die afrikanischen Wurzeln dieses Musikers erkennen. Die Bassfigur bildet ein Ostinato, über das ihr mit etwas Übung solieren könnt.

Funk ② Tr 68

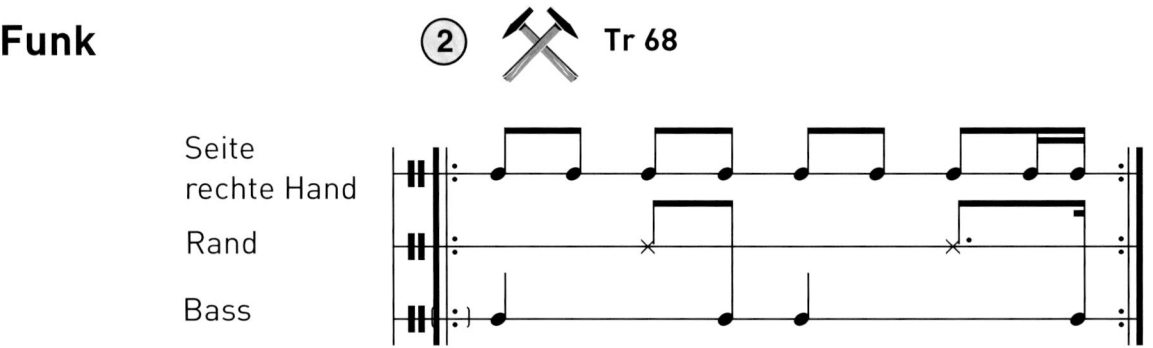

Funk: bezeichnet die Ende der 60er Jahre entstandene Tanzmusik der afroamerikanischen Bevölkerung. Stark beeinflusst von Elementen des Jazz, des Rhythm and Blues sowie des Soul hat sich diese Musik bis heute gehalten und wiederum andere Stilistiken geprägt. James Brown wird gemeinhin als einer der bedeutensten Musiker des Funk bezeichnet. Spiele die Zählzeit stets akzentuiert und fasse den Groove als treibend und sehr „eckig" auf.

STILISTIKEN-STYLES

Peruvian Twelve

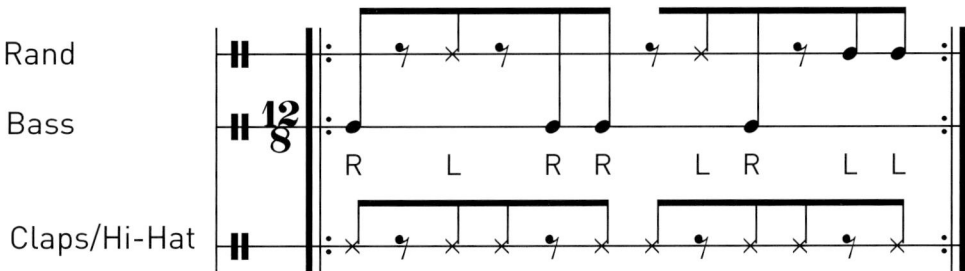

Peruvian Six: ist die Basis der Musica Negra aus Peru, die dort verbreitete Volksmusik hat stets das Cajon als Rhythmusinstrument verwandt. Heute noch hat diese Musikform nichts an Popularität eingebüßt und wird durch Musikerinnen wie Susana Baca auch in Europa verbreitet.

Swing

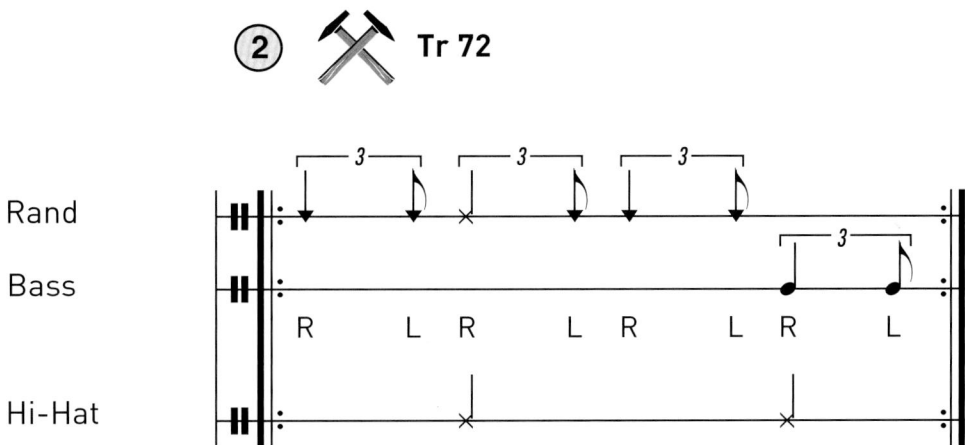

Swing: ist die Tanzmusik des Jazz in den 30er Jahren Amerikas gewesen. Viele andere Stilistiken sind von diesem tänzerisch leichten Rhythmus inspiriert worden. Duke Ellington war einer der ersten Musiker, die den Swing spielten. Achte stets auf das ternäre (Triolen-) Spiel, betone die Zählzeit zwei und vier.

Ensemble:
auf den nun folgenden Seiten habe ich dir mehrstimmige Rhythmen aus verschiedenen Kulturkreisen zusammengestellt.

STILISTIKEN-STYLES

Latin Basic

Erste Stimme (Cajon Comparsa)

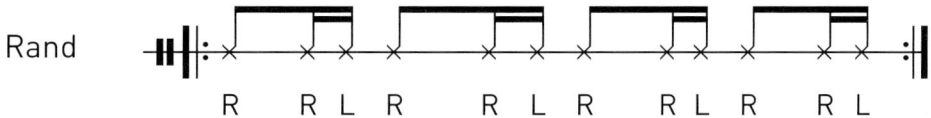

Zweite Stimme (Shaker und Cajon)

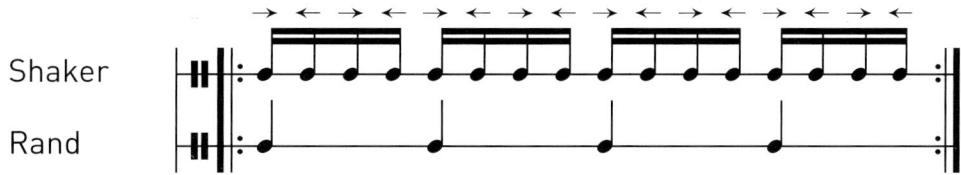

Dritte Stimme (Cajon »La Peru«)

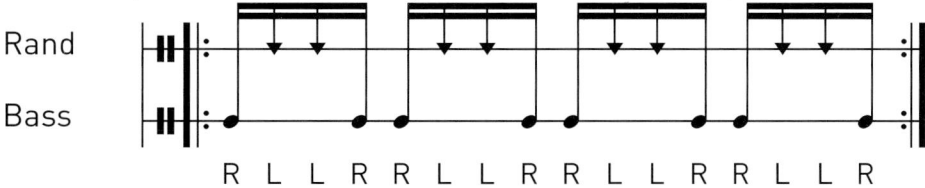

STILISTIKEN-STYLES

Like Bossa

1. Stimme (Shaker)

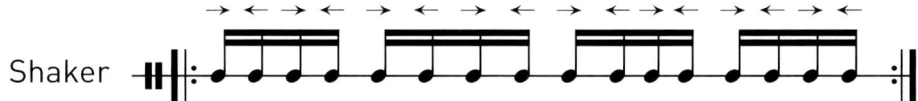

2. Stimme (Cajon »La Peru« oder Cajon Comparsa)

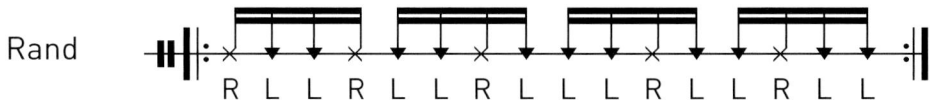

3. Stimme

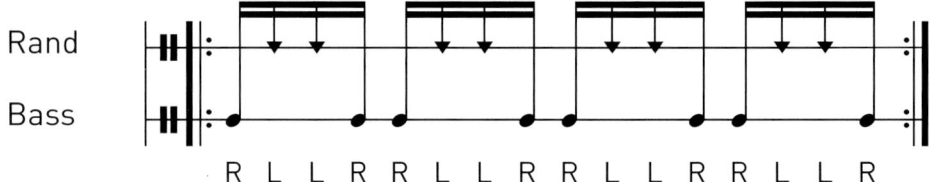

STILISTIKEN-STYLES

Samba

1. Stimme (Cajon Comparsa)

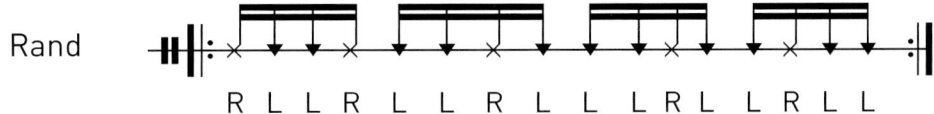

2. Stimme (Cajon »La Peru«)

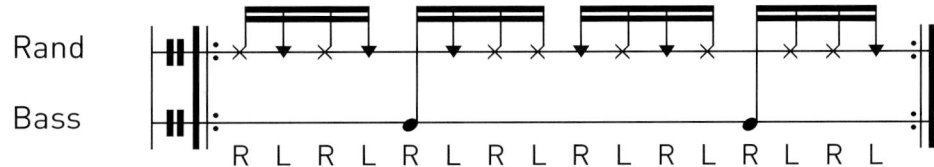

3. Stimme (Bass-Cajon)

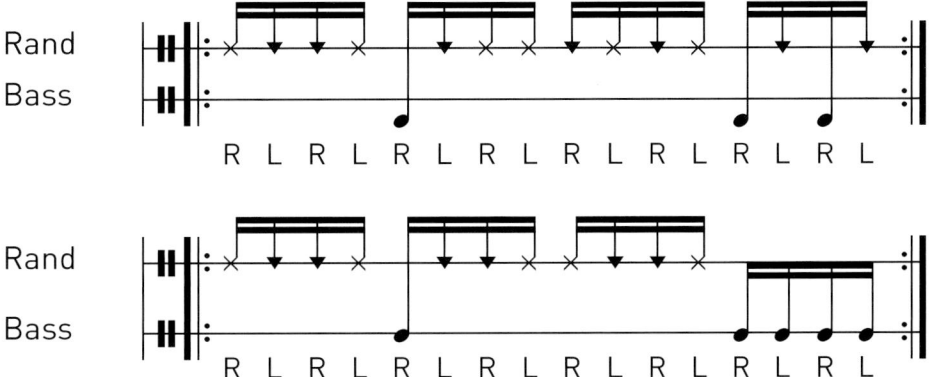

STILISTIKEN-STYLES

Afro Basic

1. Stimme (Cajon »La Peru«)

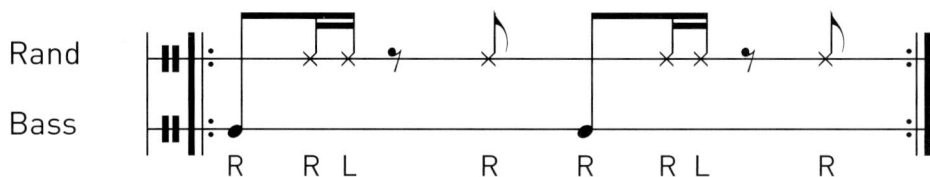

2. Stimme (Cajon »La Peru«)

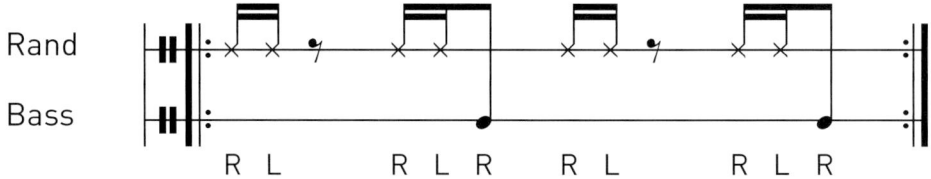

3. Stimme (Bass-Cajon)

STILISTIKEN-STYLES

Kassa

1. Stimme (Cajon Comparsa)

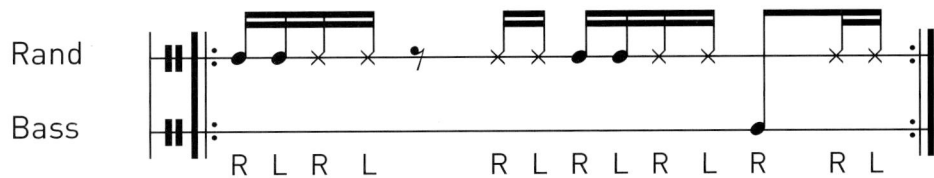

2. Stimme (Cajon »La Peru«)

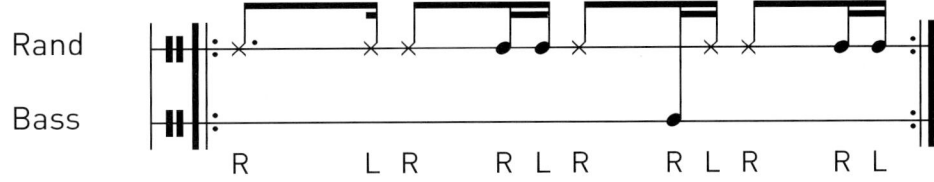

3. Stimme

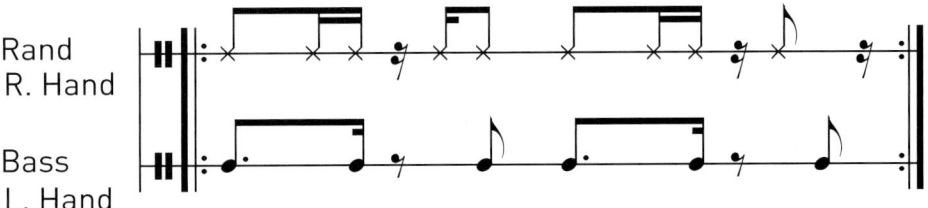

STILISTIKEN-STYLES

Kakilambe

1. Stimme (Cajon Comparsa)

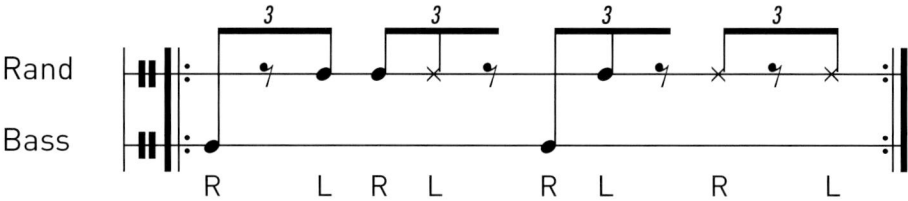

2. Stimme

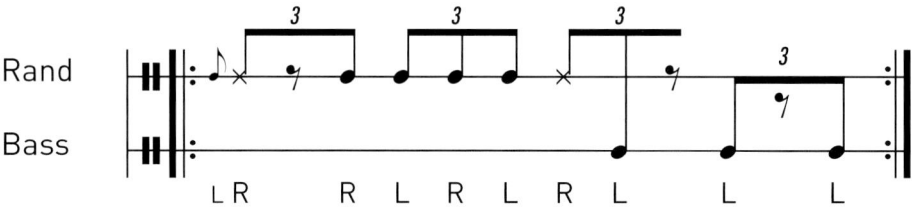

3. Stimme (Bass-Cajon)

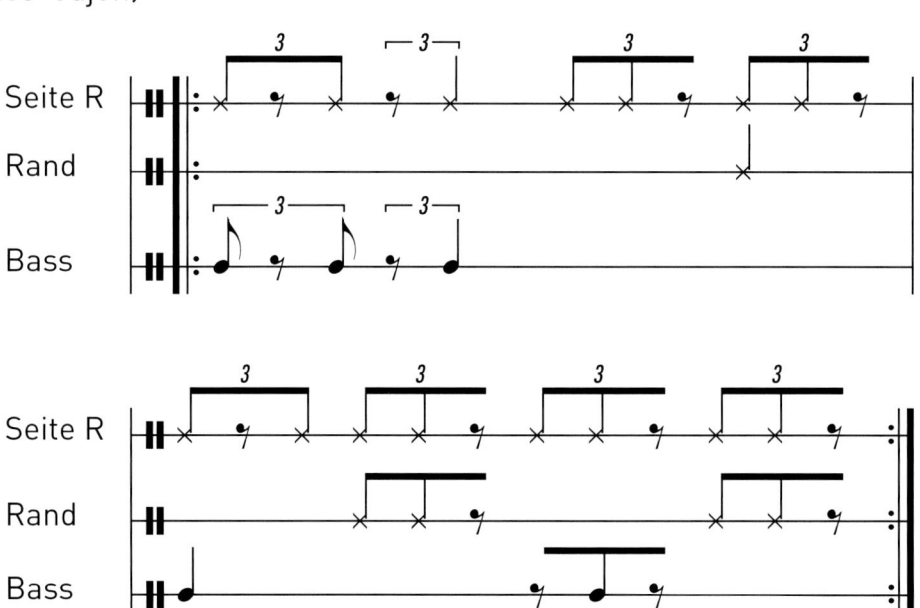

STILISTIKEN-STYLES

Oriental Basic

1. Stimme (Cajon Comparsa)

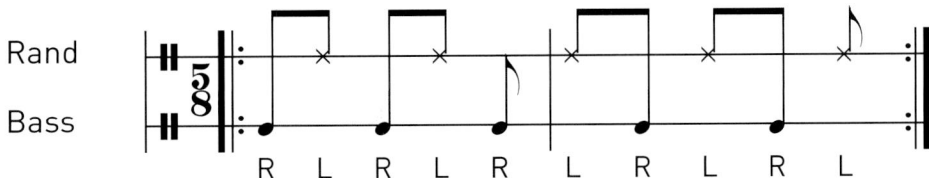

2. Stimme (Cajon »La Peru«)

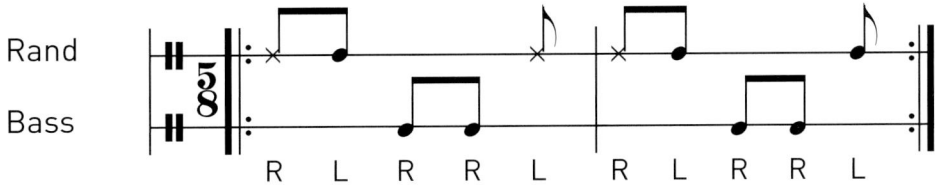

3. Stimme (Bass-Cajon)

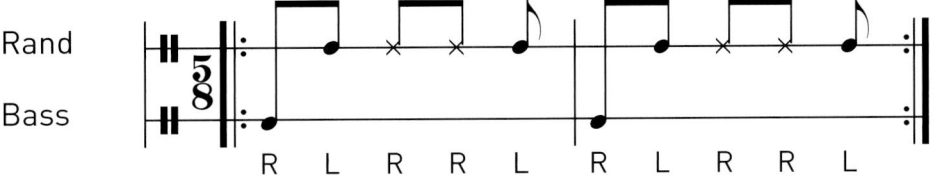

STILISTIKEN-STYLES

Devri Hindi

1. Stimme (Cajon Comparsa)

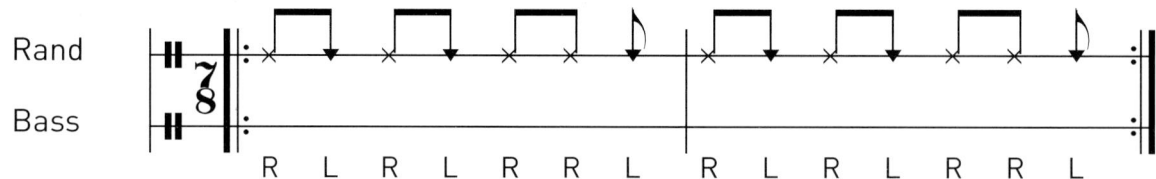

2. Stimme (Cajon »La Peru«)

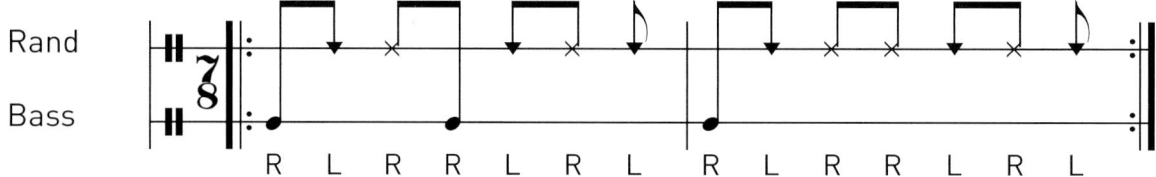

3. Stimme (Bass-Cajon)

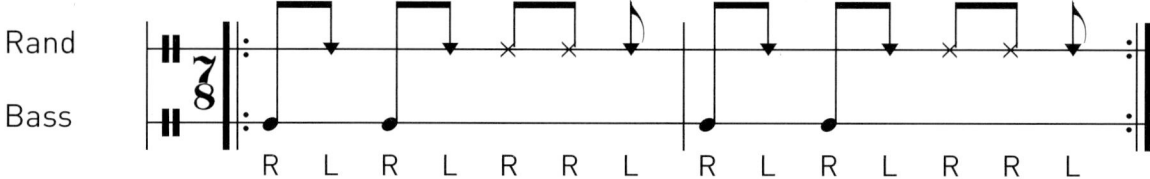

STILISTIKEN-STYLES

Aksak

1. Stimme (Cajon Comparsa)

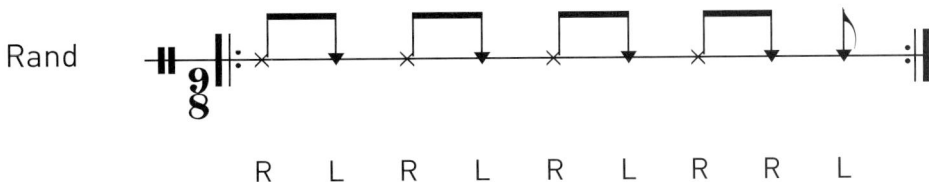

2. Stimme (Cajon »La Peru«)

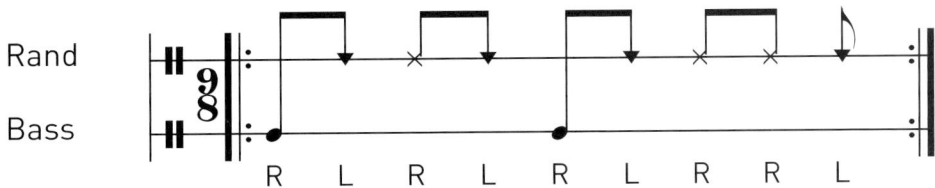

3. Stimme (Bass-Cajon)

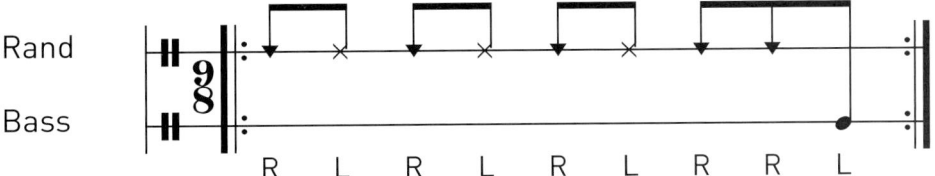

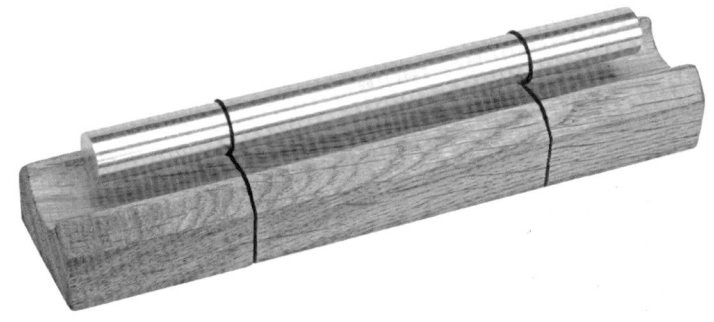

STILISTIKEN-STYLES

Havanna Moon

1. Stimme (Cajon Comparsa)

2. Stimme (Cajon »La Peru«)

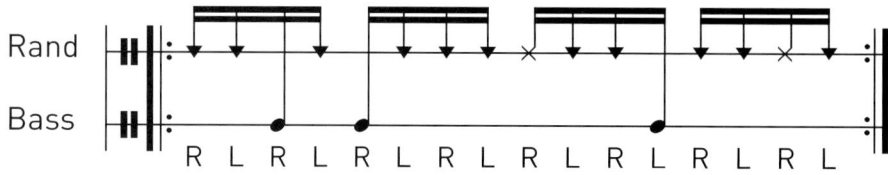

3. Stimme (Bass-Cajon)

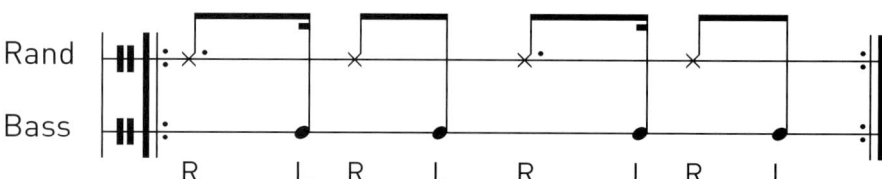

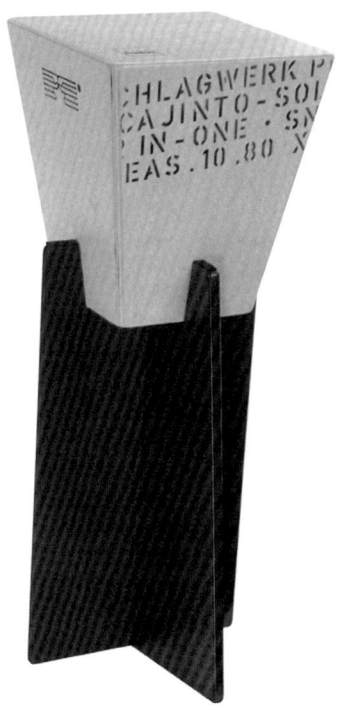

Dank

Ich widme dieses Buch meiner Freundin Silke Al-Taie.

Ich danke:
- Meinem Bruder Peter Philipzen (www.Peter-Philipzen.de) für die wunderbaren Kompositionen.

- Ralf und Jörg Schiemann (www.Schiamo.com) für die Geduld und Akribie bei der Aufnahme.

- Gerhard und Marianne Priel (www.schlagwerk.com) für die unvergleichlichen Instrumente.

- Jörg Kohlmorgen für die weltbesten Becken (www.paiste.com)

- Reiner Hartfil und Stefan Graf (Audio Pro) für die phantastischen AKG-Mikrophone (www.AKG.com)

- Paul Agner für die einzigartigen Sticks (www.agner-sticks.com)

- Nikolaus Veser für die Ausdauer und die schöne Gestaltung dieses Buches.

Bis bald …

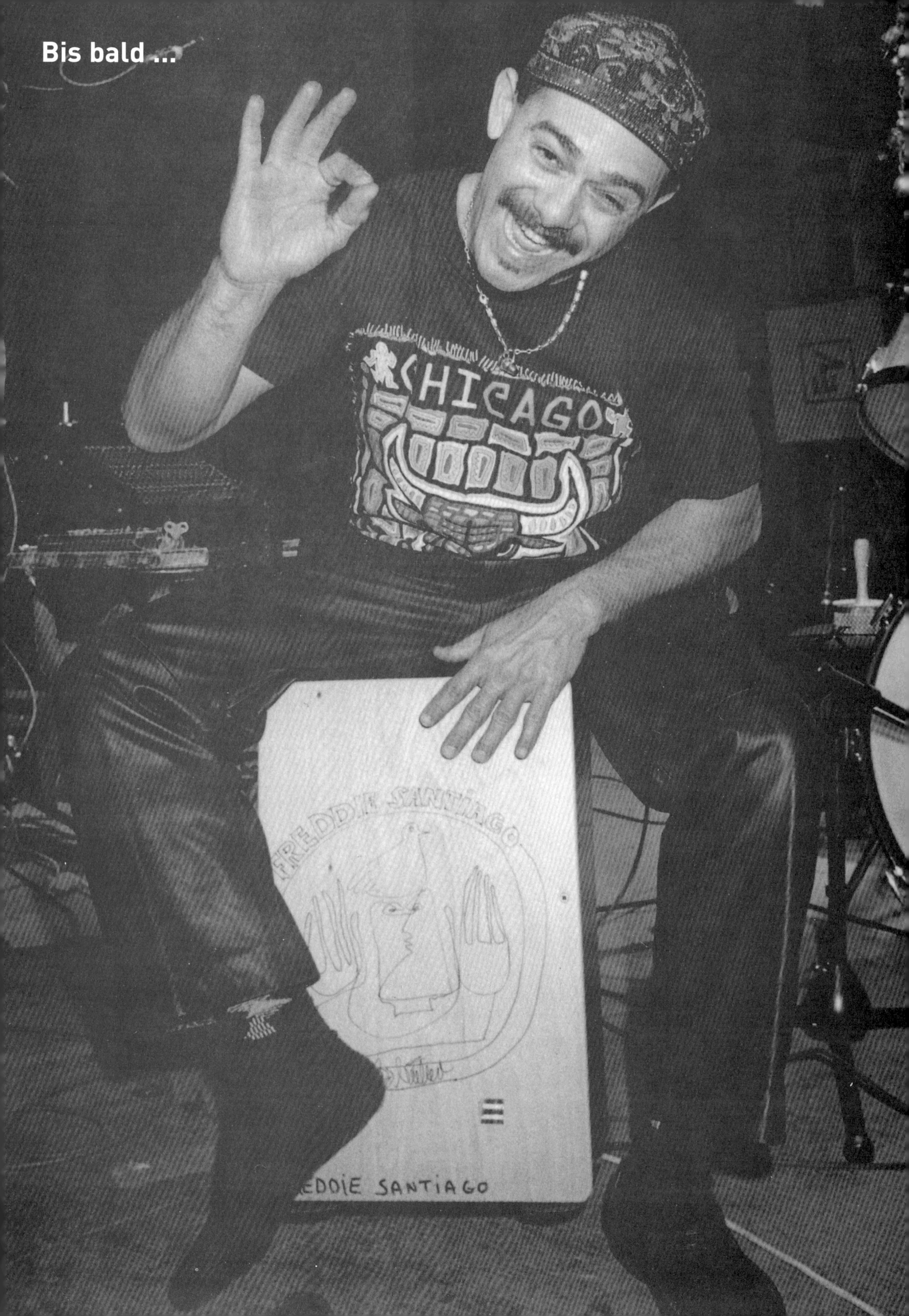

Justin Scott
Drums. Der Komplettkurs

Ein einfacher und verständlicher Führer durch die spannende Welt des Schlagzeugs mit allen Informationen, die ein Anfänger benötigt. Die kurzen und einfachen Lektionen konzentrieren sich ganz auf die grundlegenden Spieltechniken und die Koordination am Schlagzeug, damit du schon bald in deiner ersten Band spielen kannst – egal, ob du ein Fan von Rock, Jazz, Funk, Punk, Country, R 'n' B, Techno, oder Reggae bist.
Klare Diagramme und Illustrationen erklären die musikalische Notation leicht verständlich, damit du von Anfang an Notenlesen und schnell Grooves auf deinem Schlagzeug spielen kannst. Die beiliegende CD mit fast 100 Audio-Tracks enthält die wichtigsten Übungen und Klangbeispiele aus dem Buch zur Kontrolle des Lernfortschritts!

Sonderformat: 190 x 232 mm, 258 Seiten, farbig, Hardcover, Spiralbindung, mit CD
ISBN: 978-3-8024-0817-5

Siegfried Hofmann
Easy Drumming

Das komplette Drum-Set spielend im Griff – von Anfang an!
Die Schlagzeugschule mit ganzheitlichem Lernkonzept. Direkt von Anfang an wird das komplette Drum-Set in den Lernprozess einbezogen. Notenkenntnisse sind nicht erforderlich. Über Bassdrum, Snaredrum, Stockhaltung, Schlagfolgen, Handsätze, Hi-Hat, Cymbals und Tom-Tom lernt der Anfänger sich am Drum-Set rhythmisch und klanglich auszudrücken. Eine Menge Drum-Grooves, Fills und Schlagfiguren als Übungsbeispiele, auch auf der beiliegenden CD, bringen direkten Erfolg und Spaß!

DIN A4, 160 Seiten, mit CD
ISBN: 978-3-8024-0230-2

Siegfried Hofmann
Das große Buch für Schlagzeug und Percussion

Die klassische Schlagzeugschule mit allem, was man aus dem Drum-Kit zaubern kann: Haltung, Technik, Rhythmusschulung, Stilistik, Percussion usw., kann sich jeder Drummer im Selbstunterricht erarbeiten.
Die Methode ist nicht nur für Anfänger und Fortgeschrittene gedacht, sondern ebenso für professionelle Drummer und Percussionisten von großem Nutzen.
Der Anfänger wird auf leicht verständliche Weise an die Stilarten und Spieltechniken populärer und zeitgenössischer Musikformen herangeführt, ohne dass dabei vergessen wird, dass das Gefühl als Urelement einen entscheidenden Einfluss auf die allmähliche Entwicklung des individuellen Stils ausübt.

DIN A4, 252 Seiten, mit CD
ISBN: 978-3-8024-0221-0

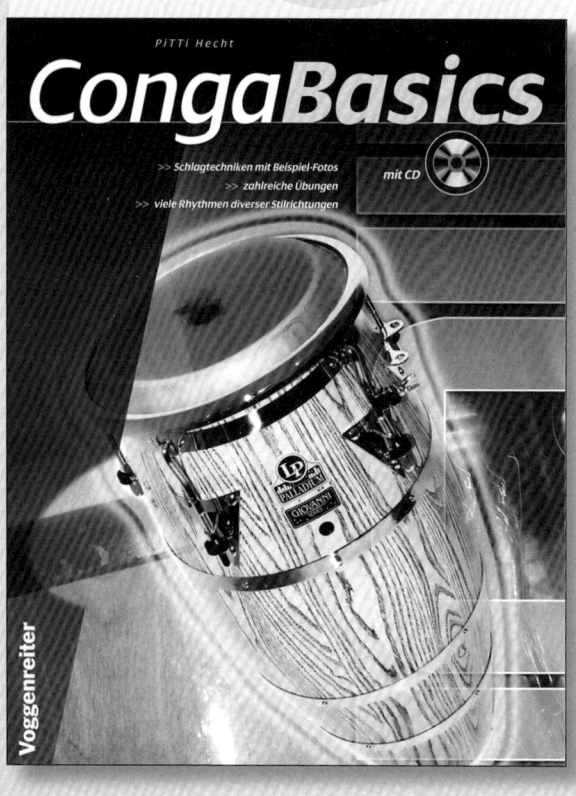

Pitti Hecht
Conga Basics

Das rhythmische Zentrum der Percussion: die Conga. In diesem Buch lernst du die grundlegenden Schlagtechniken dieses faszinierenden Instruments aus den Tiefen Lateinamerikas.
Fotos geben dir eine solide Hilfestellung, damit aus deinen ersten Versuchen schnell spannende Rhythmen der unterschiedlichsten Stilrichtungen werden – von lateinamerikanischer Musik bis zu Rock und Pop.
Mit der beiliegenden CD mit vielen Übungen und Rhythmen legst du sofort los: Let's groove!

DIN A4, 64 Seiten, mit CD
ISBN: 978-3-8024-0788-8

Oliver Kölsch
Easy Drum Basics

Dieses Buch zeigt einfach und übersichtlich die wichtigsten Bestandteile des modernen Schlagzeugspiels.
Eine ausführliche Darstellung und Aufbauanleitung des Drum-Sets gibt dem Anfänger einen einfachen Einstieg. Danach bekommt der Anfänger nicht nur viele Rhythmen, Spieltechniken und Rudiments an die Hand, er lernt auch die Basisrhythmen mit ihren Varianten kennen.
Auf der beiliegenden CD sind viele Übungen und Rhythmen eingespielt.

DIN A4, 64 Seiten, mit CD
ISBN: 978-3-8024-0661-4

Matthias Philipzen
Cajon Basics
Lesen, hören und spielen!

Das ursprünglich aus Kuba und Peru stammende Cajon hat sich von der „Rumbakiste" zu einem der beliebtesten und meistgenutzten Rhythmusinstrumente entwickelt und seine schier unendlichen Einsatzmöglichkeiten begeistern nicht nur Schlagzeuger und Percussionisten. Hier lernst du die grundlegenden Spieltechniken und die ersten Rhythmen und wirst schon nach kurzer Zeit eine Menge Spaß mit diesem faszinierenden Instrument haben!
Alle Tracks aus diesem Buch lassen sich einfach per QR-Code und Smartphone oder Tablet anhören oder herunterladen.

DIN A4, 64 Seiten, mit Audio-Download
ISBN: 978-3-8024-0764-2

Ralf Mersch
Das große Buch für E-Drums
Alles, um ein perfekter E-Drummer zu werden!

In diesem Buch lernst du alles, was du wissen musst, um ein perfekter E-Drummer zu werden. Praktische Tipps und viele Übungen und Rhythmen garantieren einen schnellen Fortschritt. Schritt für Schritt erlernst du die Schlagzeug-Notation, damit du später Rhythmen vom Blatt spielen oder deine eigenen Ideen notieren kannst. Eine Vielzahl von Übungen und Profi-Playbacks verschiedener Stilrichtungen kann per QR-Code schnell und einfach auf Smartphone, Tablet oder PC geladen werden. Und selbstverständlich kommt auch die technische Seite deines E-Drums-Sets in dieser Schule nicht zu kurz. Wichtige Begriffe wie Latenzzeit, Velocity, MIDI, Mehrzonen-Pad oder DAW werden in kleinen E-Drum-Workshops genauestens und immer praxisbezogen erklärt. Das große Buch für E-Drums: hier bleibt keine Frage offen!

DIN A4, 176 Seiten, Spiralbindung, Hardcover, mit Audio-Downloads
ISBN: 978-3-8024-1075-8

Herb Kraus
Modern E-Drum

Angefangen bei der Schlagzeugnotation und der richtigen Stockhaltung führt dich diese Schule über einfache Koordinationsübungen und Rudiments zu kompletten Drumset-Rhythmen, Fill ins und Schlagzeugsolos.
Mit weit über 250 Klangbeispielen auf 2 CDs erfährst du alles, was du für das moderne E-Drum-Spiel benötigst. Zu den zusätzlichen Play-Alongs kannst du die gelernten Rhythmen für Rock/Metal, Shuffle-Rock, Reggae, Funk-Rock, Bluesrock, etc. mitspielen und dein E-Drum-Spiel weiter festigen und perfektionieren.

DIN A4, 96 Seiten, mit 2 CDs!
ISBN: 978-3-8024-0989-9